SE LANCER & SE DÉPASSER

Valentin Sipan

LE FOIL

Voler sur l'eau

VAGNON
Aventure

SOMMAIRE

INTRODUCTION

« Foil ». Que les anglophones se rassurent, ce livre ne parle ni de fleuret, ni de papier-alu, ni de faire-valoir, mais plutôt d'un outil devenu incontournable dans l'univers des sports nautiques. Que ce soit les skippers en quête d'une victoire sur le Vendée Globe ou d'un record sur le trophée Jules Verne, les véliplanchistes et kitesurfeurs rêvant d'une médaille olympique, ou encore les riders à la recherche de sensations de vitesse toujours plus extrêmes, ils courent désormais tous… à foil.

Le foil. Ce nom masculin est en réalité apocopé de l'anglicisme *hydrofoil boat* signifiant « hydroptère », lui-même tiré du grec ancien *hùdôr*: « eau » et *pteròn*: « aile ». L'hydroptère est donc le nom des navires dont la coque munie d'ailes leur permet de décoller au-dessus de l'eau. Ainsi, le foil désigne l'aile, ou plus exactement le plan porteur immergé permettant de faire voler des embarcations au-dessus de l'eau.

Passionné de voile, sportif de haut niveau et ingénieur de formation, je navigue depuis plusieurs années sur un grand nombre de supports à foil. Je suis avec intérêt et participe à l'évolution de ces nouvelles technologies, c'est pourquoi je vous propose, à travers cet ouvrage, une immersion dans le monde du foil. Je vous raconterai son histoire et vous expliquerai son principe de fonctionnement. J'essaierai de vous décrire au mieux les sensations du vol au-dessus de l'eau à une vitesse trois fois supérieure à celle du vent. Vous y trouverez des conseils pour choisir votre matériel, débuter et progresser. Nous ferons le tour des différentes pratiques et rencontrerons les spécialistes de chaque support. Attachez vos footstraps, décollage imminent!

NAISSANCE DU FOIL

Après la révolution industrielle, les domaines maritime et aéronautique sont en plein essor. Dans la seconde moitié du XIXe siècle, des ingénieurs aéronautiques souhaitent faire atterrir et décoller les avions sur des lacs et des rivières. On recense alors les premiers essais, plus ou moins concluants, de prototypes d'embarcations munies de plans porteurs. Dans un premier temps, ces engins sont tractés, essentiellement par des chevaux, pour acquérir une vitesse minimum. Ils sont ensuite équipés de moteurs à la fin du XIXe siècle, et c'est seulement au XXe siècle que les premiers hydroptères à voile voient le jour. Retour sur la naissance des premiers engins à foil !

1861 : À première vue, difficile de relier l'hydrofoil et la tarte tatin ! Pourtant, à l'instar du dessert, l'hydrofoil est découvert malgré lui ! Thomas Moy, un ingénieur anglais de l'Aeronautical Society of Great Britain, teste des ailes dédiées aux aéronefs. Il installe trois plans porteurs sur un canot. Tracté sur les bords du canal de Surrey en Grande-Bretagne, il découvre que son engin déjauge. Le premier hydrofoil est né !

1869 : Un ingénieur mécanicien français, Emmanuel Farcot, dépose le premier brevet d'une embarcation à plans porteurs latéraux.

1885 : Alors âgé de 20 ans, le comte de Lambert imagine une sorte de catamaran fait de tonneaux sous lesquels il installe des plans porteurs lui permettant de sortir les coques de l'eau en le tractant par un cheval. Il deviendra plus tard le premier pilote de l'école d'aviation de Pau et volera seul le 18 mars 1909. Il remontera la Seine en 1913 grâce à l'hovercraft, un hydroglisseur avec lequel il battra le record du monde de vitesse : 98,6 km/h.

1897 : Horatio Frederick Phillips, pionnier de l'aviation, connu pour son avion « persienne » doté d'une cinquantaine de plans superposés, récupère le moteur de son prototype pour créer avec l'aide du comte de Lambert le premier hydroptère autopropulsé à vapeur.

1897 : Les frères Meacham font à Chicago la démonstration d'un modèle remorqué équipé de cinq foils, deux à l'avant et trois à l'arrière. Ils publient en 1906, dans *Scientific American*, un article exposant les principes de base d'un hydroptère, et déposeront en 1916 le brevet de leur hydroplane.

1898 : L'Italien Enrico Forlanini, surtout connu pour ses conceptions de dirigeables, dépose les brevets d'un avion à hydrofoils avec des foils en forme d'échelle.

1905-1906 : Forlanini poursuit ses essais et construit en 1906 le premier hydroptère. Testé sur le lac Majeur, il atteint 38 nœuds, soit près de 70 km/h. Son hydroptère motorisé est constitué d'une coque centrale en forme de torpille, de deux hélices à chaque extrémité au-dessus de la coque et de quatre jeux de foils, un à l'avant, un à l'arrière et deux latéraux. Décoiffant !

1907 : Les italiens Crocco et Ricaldoni proposent un hydroptère au design moderne avec une coque profilée de 8 m de long. Propulsé par deux hélices bipales et soulevé par deux foils en forme de T à l'arrière et par un foil en forme de V à l'étrave, il aurait atteint 43 nœuds ! (82 km/h).

1907-1908 : Les célèbres frères Wright étudient un moyen de faire atterrir et décoller sur les rivières leur *Flyer*, avion biplan avec lequel ils effectuent le premier vol motorisé contrôlé. Sur la Miami River, ils réussissent à faire voler un catamaran équipé de plans porteurs.

1910 : Forlanini réalise un nouvel engin avec quatre foils en échelle disposés de part et d'autre de la coque centrale ainsi qu'à l'avant et à l'arrière. Malheur à celui qui passera dessous…

1912 : **Alexander Graham Bell, l'inventeur du téléphone, sonne chez Baldwin pour développer un engin à moteur à foil : l'« hydrodrôme », une structure biplan qui supporte deux foils en échelle installés sur deux flotteurs à bouchains vifs. Convaincu du potentiel des foils, Graham Bell dévoilera quelques années plus tard la maquette de *Nancy*, le premier hydroptère à voile.**

1920 : Malcolm et Thomas McIntyre déposent le premier brevet d'un voilier à foil.

1941 : Robert Gilruth, ingénieur de la Nasa, consacre trois années à concevoir le premier catamaran grandeur nature à voile et à foil. Construit dans son salon et réalisé en bois, *Catafoil* mesure 3,65 m de long. Il possède un grand foil en V sous les coques au milieu du bateau et un plan porteur horizontal entre les safrans. Pionnier dans le domaine, Robert Gilruth imagine même un manche pour régler l'inclinaison des foils. Le premier vol a lieu en 1941 dans la baie de Chesapeake, où il atteint 14 nœuds. *Well done !*

1955 : J. Gordon Baker, un passionné de technologie, commence sa carrière dans un laboratoire de recherche. Descendant d'une famille spécialisée dans la fabrication d'éoliennes, il accepte de rejoindre en 1938 l'entreprise familiale à condition d'y développer un voilier à foil commercialisable. Dix-sept ans plus tard, *The Monitor* voit le jour. Derrière ce prototype en contreplaqué de près de 8 m de long piloté par un volant se cache un bijou de technologie doté d'un mécanisme complexe permettant de réguler l'orientation du foil arrière en fonction des efforts imposés au gréement. Le design, en échelles de petites sections, des foils principaux lui permet d'atteindre des vitesses élevées et leur réglage lui confère une grande stabilité. *The Monitor* est flashé à plus de 30 nœuds et devient une référence en la matière !

1955 : Création de l'Amateur Yacht Research Society qui rassemble les publications dans le domaine et devient un lieu d'échanges et de développement pour les inventeurs et passionnés.
1956 : Harwood Shepard ouvre la piste en déposant le premier brevet d'un ski nautique à foil.
1960 : L'ingénieur en aéronautique Walter Woodward s'associe au diplômé d'Harvard Lucas Emmanuel pour imaginer l'« hydrofoil lift », un foil amovible adaptable à plusieurs types de supports : surf, ski, etc. En 1965, le brevet est déposé et les Américains assistent aux premiers shows des hydrofoils Dynaflite.
1967 : Dans son livre *Hydrofoil Voyager*, David Keiper relate l'histoire de *Williwaw*, son trimaran à foil de 32 pieds imaginé pour naviguer à la voile dans le Pacifique jusqu'en Nouvelle-Zélande. Cet ingénieur en mécanique des fluides et aérodynamique américain a construit le plus grand bateau à foil de l'époque, seul… dans son jardin. Les foils en échelles sont inspirés de ceux du maître, *The Monitor*, et sont rabattables afin de pouvoir être remontés pour beacher au mouillage.
1969 : Sur la base d'un Tornado, James Grogono crée, avec son père, *Icarus* : un catamaran équipé de foils en V qui lui permettront d'atteindre 21,6 nœuds en 1972. La famille Grogono continuera de bichonner son bolide en lui installant notamment quelques années plus tard des foils en T sur les safrans. Ainsi, il passera la barre des 28 nœuds. Ce bateau mythique restera en service jusque dans les années 2000 !
1972 : Création d'une base de vitesse à Weymouth. Les records de vitesse enregistrés et homologués par World Sailing motivent les amateurs de foil à venir du monde entier pour s'affronter ! Le foil se démocratise et de plus en plus de passionnés se jettent à l'eau. Sont notamment présents pour cette première édition le *Foiler3* de Gerald Holtom et *Kotaha* de Leif Wagner-Smitt.
1972 : Leif Wagner-Smitt innove en se présentant à Weymouth avec *Kotaha*. Ce n'est ni un catamaran, ni un trimaran à foil, mais un prao : un bateau traditionnel indonésien inspiré des pirogues polynésiennes, que le Danois Leif Wagner-Smitt décide de faire voler. L'autre innovation provient de la fixation sans incidence des trois foils en aluminium : ils sont parallèles à la surface de l'eau et leurs réglages se font uniquement en déplaçant la masse du barreur au trapèze d'avant en arrière.

1972-1973 : Le premier brevet d'un surf à foil est déposé par Daniel Ruben Morgan à Hawaï.

1973 : Claude Tisserand conçoit le *Veliplane III* à partir d'un 470. Il raconte dans *Des hydrofoils à la portée de tous* que c'est en feuilletant l'ouvrage *Hydrofoil Sailing* de James Grogono qu'il découvrit « les avantages des ailes à forts dièdres », c'est-à-dire qu'il a opté pour un angle de 40° entre les foils et la large poutre les supportant, puis a remplacé le safran de 470 par un safran avec un plan porteur, en T inversé. Le tour était joué ! Le dériveur est transformé en foiler et atteint 15 nœuds de vitesse par 15 nœuds de vent.

1973 : Pour la deuxième édition du rassemblement de Weymouth, d'autres foilers entrent dans la danse : le Clifton Flasher, le Crossbow 1, ou encore le NF2 (Neither Fish Nor Fowl : ni poisson ni volaille) de Samuel Bradfield, construit à partir d'une coque de Tornado, qui bat le record de vitesse en réalisant un run à 24,4 nœuds. Il sera équipé d'un gréement à ailes pour devenir le NF3.

1976 : Au tour de l'un des navigateurs les plus célèbres de l'époque d'entrer dans la danse. Éric Tabarly, convaincu de l'avenir des foils, s'intéresse au sujet pour doper les performances de son *Pen Duick*. En s'entourant d'ingénieurs de Dassault pour le design et de Jean Garnault, enseignant du département de l'IUT génie civil de La Rochelle, pour la construction, Éric Tabarly navigue en août 1976 sur une maquette 1/3. À l'époque, les matériaux et techniques de fabrication ne permettent pas d'envisager la réalisation du prototype à grande échelle compte tenu de la nécessité d'une structure à la fois légère et résistante aux efforts générés. Éric Tabarly n'abandonnera pas complètement l'idée, puisqu'il s'en inspirera quelques mois plus tard pour son fameux trimaran *Paul-Ricard*, puis il léguera le projet à Alain Thébault sous le nom de l'*Hydroptère*.

1984 : Le *Philfly* innove avec des foils en T et des palpeurs. Ce sont ces tiges blanches à l'étrave qui mesurent en permanence l'altitude du bateau et permettent de régler l'incidence du foil. Ce système, repris pour les moths à foil dans les années 2000, est aujourd'hui encore un moyen fiable de réguler la hauteur de vol des bateaux à foil.

1985 : Côté ski, Mike Murphy et Bob Wolley reprennent l'idée du brevet de Woodward et Emmanuel pour dessiner la première planche de wakefoil, initialement prévue pour être utilisée à genoux.

1988 : Bob Wolley et Mike Murphy inventent l'*air chair*, sorte de wakefoil assis auquel ils ajoutent des footstraps et des ceintures afin de pouvoir s'envoyer en l'air en toute sécurité. Il faut dire qu'à l'époque, les foils sont en aluminium, ce qui s'avère assez dangereux en cas de chute. Quelques mois plus tard, ils créent avec Brad Barnett la marque SkySki.

1990 : Laird Hamilton utilise ces supports pour créer le foil surf, c'est-à-dire pour surfer les vagues en volant sans être tracté.

1994 : L'*Hydroptère*, imaginé par Éric Tabarly, réalisé par Alain Thébault, est construit à taille réelle grâce au progrès technique et à l'utilisation de nouveaux matériaux comme le carbone ou le titane. Après plus de quinze années de développement, il devient le premier bateau capable d'atteindre plus de 50 nœuds et signe en 2009 un record de 51,36 nœuds de moyenne sur 500 m.

FIN DES ANNÉES 1990 : Que ce soit un hydrofoil SkySki fixé sur une planche de windsurf ou bien une création de la bande de copains de Maui composée de Carl Hill, Tominator, Kevin Ozee et Rush Randle, c'est la naissance des premiers windfoils !

ANNÉES 2000 : Le foil commence à se démocratiser, les moths se les approprient pour décoller tels des libellules au-dessus de l'eau et devenir les dériveurs solitaires les plus rapides du monde. L'imagination ne manque pas et les kites s'y mettent aussi. Les premiers kites à foil voient le jour !

2013 : Les AC72 font leur show à San Francisco ! C'est la 34e coupe de l'America, la plus prestigieuse de tous les temps. Révolution dans l'histoire de la course, les bateaux sont des catamarans de 72 pieds (22 m de long) équipés de foils. 11 équipiers sont embarqués pour faire voler ces machines à plus de 45 nœuds. Le duel Emirates Team New Zealand/ Oracle est épique. Les images font le tour du monde. Le grand public découvre ces bateaux qui volent et les foils entrent dans une nouvelle ère.

COMMENT ÇA FONCTIONNE, UN FOIL ?

Ces ailes sous-marines de quelques dizaines de centimètres carrés sont capables de faire voler des planches, des bateaux et leurs pratiquants. Derrière ce résultat magique se cache une explication scientifique : le phénomène de portance.

Une histoire d'aile

Comme le démontre l'histoire du foil, son invention et son principe de fonctionnement sont étroitement liés à l'aéronautique. Et pour cause, voler dans l'air ou voler dans l'eau, physiquement, c'est un peu la même chose. On qualifie parfois le foil d'aile sous-marine. Il faut dire qu'imaginer le foil comme une aile d'oiseau ou d'avion immergée évite de se lancer dans l'étude de grands théorèmes physiques et retranscrit assez bien la réalité.

À l'image des oiseaux ou des avions, les foils ont besoin d'une surface et d'une vitesse minimum pour fonctionner. L'un ne va pas sans l'autre. En effet, essayer de battre des bras pour voler n'aura que peu d'effet… Même les ailes d'une wingsuit, une combinaison ailée, ne suffiront pas à vous faire voler si vous ne vous élancez pas avec un minimum de vitesse. À titre d'exemple, prenez une feuille en papier que vous pliez en quatre. Si vous la lâchez d'une table, elle tombe. Pliez-la maintenant de façon à former un avion en papier. Si vous la lâchez de la table, elle va d'abord tomber puis, si la hauteur est suffisamment importante, en prenant de la vitesse, elle pourra avancer sur quelques mètres. Enfin, si vous lui impulsez une vitesse initiale en la lançant de la table, votre avion volera.

Avez-vous déjà observé les ailes d'un avion au décollage et à l'atterrissage ? Elles sont composées d'une partie principale et de volets réglables à l'arrière. Ces derniers peuvent être plus ou moins sortis pour augmenter la surface de l'aile, et orientés vers le haut ou vers le bas. Cette orientation modifie le profil de l'aile et permet à l'avion de monter ou descendre. Quand les volets sont vers le bas, c'est-à-dire quand l'avant de l'aile est plus haut que l'arrière, l'avion monte. Au contraire, si les volets sont vers le haut, c'est-à-dire que l'avant de l'aile est plus bas que l'arrière, l'avion descend.
Tendez la main par la fenêtre de votre voiture en roulant. Si vous pivotez légèrement la main de sorte que son avant soit plus haut que l'arrière, votre bras aura tendance à monter. Si vous pivotez la main dans l'autre sens, votre bras aura tendance à descendre. Ces phénomènes universels s'appliquent également pour le foil. À l'image de l'avion, il est possible de jouer avec le foil pour décoller et maintenir une altitude stable au-dessus de l'eau. La clé, c'est la portance, une force s'exerçant sur les corps en mouvement, de façon perpendiculaire à la direction de la vitesse, ce qui correspond généralement sur nos foils à une force verticale dirigée vers le haut.

La portance

Le foil est composé, à l'avant, d'un bord d'attaque et, à l'arrière, d'un bord de fuite. La ligne joignant le centre de courbure du bord d'attaque au bord de fuite s'appelle la corde. Le profil supérieur du foil s'appelle l'extrados et le profil, inférieur l'intrados.

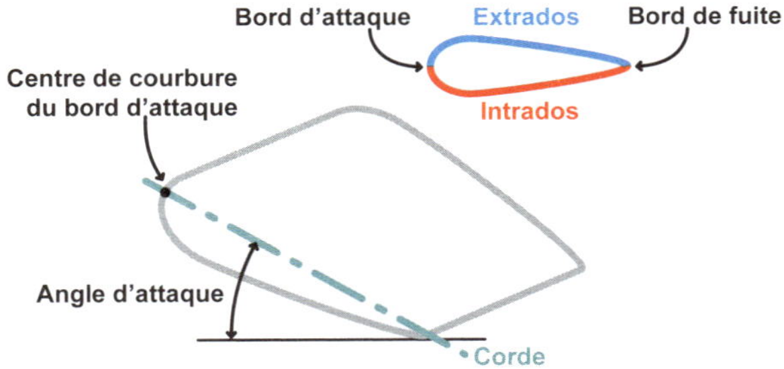

Les foils peuvent être asymétriques, c'est-à-dire que l'extrados n'a pas la même forme que l'intrados. Dans ce cas, on appelle « ligne de courbure » la ligne reliant le centre de courbure au bord de fuite en étant en tout point à égale distance de l'extrados et de l'intrados. La distance entre cette ligne de courbure et la corde s'appelle la cambrure.

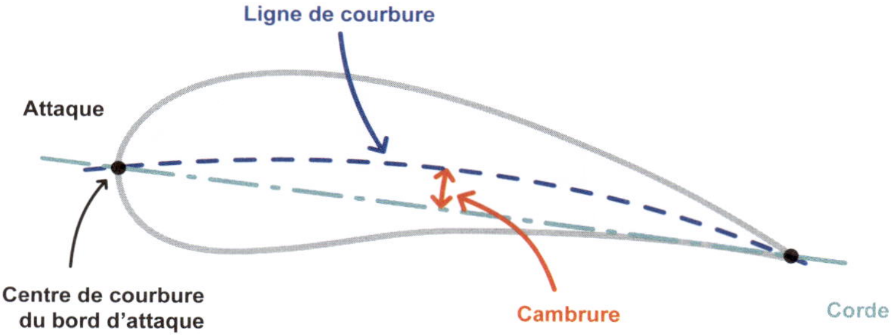

Si l'on considère l'écoulement de l'eau horizontal, la force de portance est perpendiculaire à la direction de l'écoulement, c'est-à-dire verticale et dirigée vers le haut.

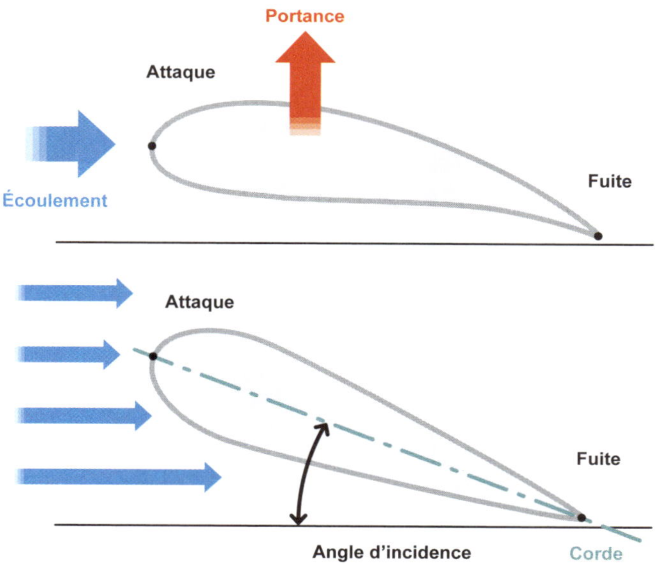

COMMENT GÉNÉRER DE LA PORTANCE ?

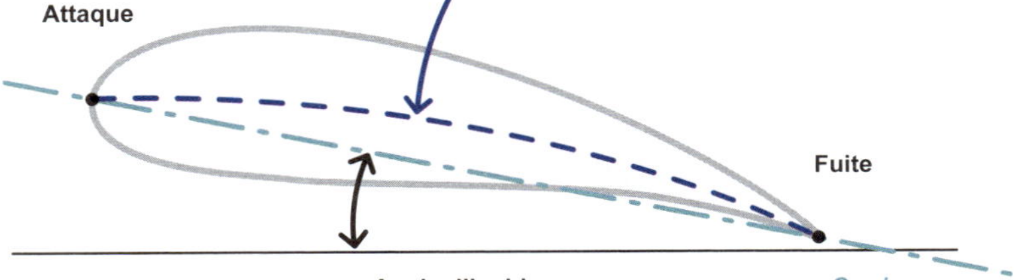

Trois options :

1. appliquer un angle d'incidence à un plan porteur. L'angle d'incidence correspond à l'angle séparant le flux de la corde. C'est grâce à cette méthode que les premiers engins flottants ont pu décoller au-dessus de l'eau. Certains plans porteurs étaient à l'époque de simples planches de bois aux profils symétriques peu travaillés ;
2. utiliser un foil au profil asymétrique, c'est-à-dire avec un extrados plus bombé que l'intrados (qui est donc plus plat). C'est le moyen le plus performant de générer de la portance, c'est pourquoi il est aussi bien utilisé dans l'aéronautique avec les ailes d'avion que pour les foils de nos supports nautiques ;
3. l'option la plus répandue est une combinaison des deux options précédentes. L'asymétrie du profil va permettre de générer de la portance de façon performante, notamment en limitant la traînée. Et l'angle d'incidence qui est la plupart du temps réglable permet d'ajuster la portance recherchée pour décoller puis stabiliser le vol.

QUELS PARAMÈTRES INFLUENT SUR LA PORTANCE ?

En navigation, la portance peut être modifiée facilement en jouant sur l'incidence du foil. Lorsque l'angle d'incidence augmente à une vitesse donnée constante, le foil monte. Inversement, lorsque l'angle d'incidence devient négatif, c'est-à-dire quand le bord d'attaque est plus bas que le bord de fuite, alors le foil descend.

Pour régler l'incidence, qui est étroitement liée à la hauteur de vol, plusieurs options sont possibles. Pour des foils fixes, comme c'est le cas sous une planche, l'angle d'incidence varie en fonction de l'assiette longitudinale, également appelée « pitch ». Cet équilibre dépend de la répartition des masses autour du centre de gravité. Il est donc géré par la position et les appuis du pratiquant.
Sur les autres supports, notamment une grande partie des multicoques à foil, les Imoca, ou les bateaux de la coupe de l'America, des systèmes permettent de régler directement l'angle d'incidence du foil. C'est ce qu'on appelle le rake.
Pour aller plus loin, sachez que la portance est fonction de plusieurs paramètres :

- la masse volumique du fluide, c'est-à-dire que pour un même foil, la portance sera différente dans l'air, dans l'huile ou dans la lave ;
- la vitesse ! C'est pourquoi il est nécessaire d'avoir une vitesse minimum pour décoller. Plus l'on va vite, plus le foil porte ;
- la surface de portance, qui correspond à la surface du foil projetée au sol. Cette surface de portance est inférieure à la surface totale du foil puisqu'elle ne tient pas compte de l'épaisseur ni des courbures du foil. Un plan porteur très fin (à l'image d'une feuille) a une surface de portance quasi égale à la surface totale, alors qu'un plan porteur épais et très bombé sur l'extrados a une surface totale bien plus importante. Ainsi, plus la surface de portance est importante, plus le foil porte ;
- le coefficient de portance qui quantifie la capacité de portance du foil en fonction de sa forme, sa taille, son épaisseur et sa position dans le fluide.

La théorie

Derrière le phénomène magique – voler au-dessus de l'eau comme sur un tapis volant, ou bien faire décoller des Imoca de plusieurs tonnes grâce à une « moustache » de quelques dizaines de centimètres – se cachent quelques explications physiques. Pour comprendre les phénomènes qui ont lieu sous la surface, il faut se plonger dans le domaine passionnant de la mécanique des fluides. Nul besoin de mouiller le maillot, les physiciens Newton, Euler, Bernoulli ont déjà travaillé pour nous ! Tout le monde a

déjà entendu parler de ce grand principe de la physique qu'est la loi de conservation : « Rien ne se perd, rien ne se crée, tout se transforme ! » Il s'agit d'une phrase prononcée par Lavoisier à propos de la matière.
De son côté, au sujet du mouvement, Isaac Newton a énoncé « l'action est toujours égale à la réaction ; c'est-à-dire que les actions de deux corps l'un sur l'autre sont toujours égales et de sens contraires ».
Ces deux principes généraux s'appliquent également à l'énergie, et c'est à partir de la loi de conservation de l'énergie qu'Euler a établi les premières équations sur l'écoulement des fluides en 1757. Au cours du XIXe siècle, le mathématicien et ingénieur Henri Navier et le physicien Georges Gabriel Stokes ont apporté leur pierre à l'édifice en introduisant la notion de viscosité dans les fluides, afin de se rapprocher de la réalité. Ces fluides sont alors qualifiés de fluides réels.
Sans entrer dans les détails techniques, le problème se complexifie lorsque l'on commence à s'intéresser à ce qui se passe au niveau de la couche limite, notamment du côté des parois ou dans un écoulement turbulent comme le sillage. Les conditions réelles étant quasiment impossibles à modéliser numériquement, les scientifiques ont recours à des hypothèses simplificatrices et divergentes qui se traduisent par des différences de design de foils.
Nous allons voir que la notion de portance est due à une différence de pression entre le dessus et le dessous du foil. La dépression au-dessus de l'extrados aspire le foil vers le haut et la surpression en dessous de l'intrados le pousse, ce qui crée cette force verticale vers le haut.

LE MODÈLE DE L'ÉCOULEMENT POTENTIEL

Prenons un foil asymétrique : étant donné son aspect asymétrique, lorsque deux particules d'eau se présentent à l'avant du foil, au niveau du bord d'attaque, celle qui va passer le long de l'intrados (en vert) parcourra moins de distance que celle qui fera le tour le long de l'extrados (en bleu). Si l'on considère que ces deux particules doivent arriver ensemble au niveau du bord de fuite, alors la particule qui passe par le haut doit aller plus vite pour compenser son chemin plus long.

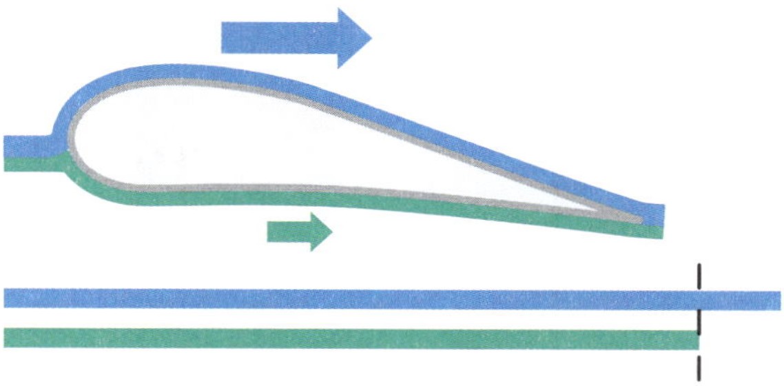

C'est alors qu'intervient le théorème de Bernoulli – lui-même issu des équations de Navier-Stokes – pour nous dire qu'une vitesse d'écoulement élevée entraîne une dépression, alors qu'une vitesse d'écoulement lente entraîne une surpression. Il y a ainsi création d'une zone de surpression sous le foil et d'une zone de dépression au-dessus du foil. On comprend alors qu'avec le phénomène d'aspiration, de dépression au-dessus du foil, et la pression qui pousse sous le foil, le foil à tendance à monter : c'est la notion de portance.

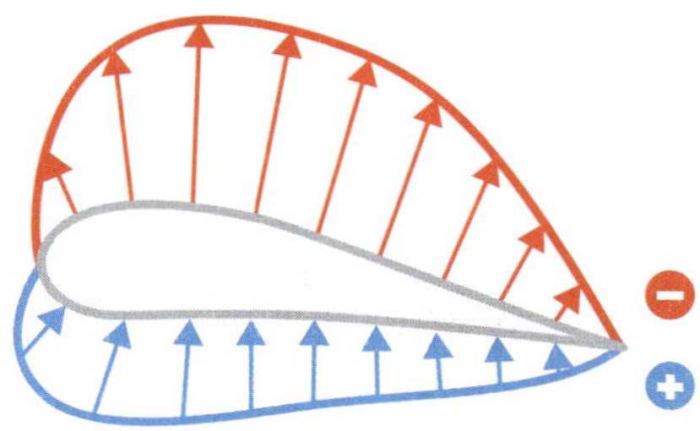

La limite que rencontre le théorème de Bernoulli dans l'explication du phénomène de portance est de considérer que le fluide est parfait, sans viscosité. On écarte alors notamment les phénomènes de frottements le long des parois du foil et de traînée créant des turbulences. Ainsi, ce modèle d'écoulement potentiel n'est plus tout à fait juste car il faut considérer que le foil interagit dans un fluide réel où l'écoulement est visqueux.

35

↱ LE MODÈLE AVEC CIRCULATION

Dès lors, de nouvelles théories entrent en jeu. Faites couler un filet d'eau sur une cuillère. Lorsque le fluide rencontre une surface incurvée, il est attiré par la surface et cherche à la suivre. C'est l'effet Coanda. De manière analogue à l'effet sur la cuillère, le flux cherche à contourner le bord de fuite du foil. Bien que le fluide cherche à épouser les formes du foil, deux points de stagnation se forment. Le premier au niveau du bord d'attaque et le second au niveau du bord de fuite. On peut observer une couche limite qui s'apparente à une délimitation entre l'écoulement laminaire, où le fluide s'écoule dans la même direction, et l'écoulement turbulent, fait de tourbillons. Cette couche limite se développe autour des parois du foil au fur et à mesure que les frottements s'accumulent, entraîne de l'instabilité et génère des turbulences sur la partie supérieure du foil. Le point de stagnation du bord d'attaque se déplace vers le bord de fuite, créant une « circulation » autour du foil.
Au niveau du bord de fuite, les flux se rejoignent à des vitesses différentes, et l'effet de contournement du bord de fuite génère la création d'un tourbillon appelé vortex. Avec la vitesse d'écoulement, le tourbillon s'éloigne progressivement du bord de fuite en s'échappant dans la traînée. Ce tourbillon permet non seulement de stabiliser l'écoulement, mais il part en laissant derrière lui une pression positive à la surface inférieure du foil et une pression négative à la surface supérieure du foil.

En résumé

- La zone d'écoulement turbulent sur la partie supérieure du foil implique une vitesse d'écoulement plus élevée que celle de l'écoulement laminaire de la partie inférieure du foil.
- Dans ces conditions, le théorème de Bernoulli peut s'appliquer : une vitesse d'écoulement élevée entraîne une dépression et une vitesse d'écoulement lente entraîne une surpression.
- De plus, le vortex, en laissant derrière lui une pression positive à la surface inférieure et une pression négative à la surface supérieure, amplifie ce phénomène.
- Ainsi, la légère surpression sous le foil, d'une part, et la zone de dépression créée au-dessus du foil, d'autre part, génèrent la force de portance qui permet aux foils de nous faire voler.

Caractéristiques du design des foils

La portance n'ayant plus de secret pour vous, examinons les différents types de foils, leur design et leurs caractéristiques associées.

LES FOILS DE PLANCHES

Commençons par les foils en T que l'on installe sur les planches, à savoir les foils de surf, kite, wing, ou de planche à voile.

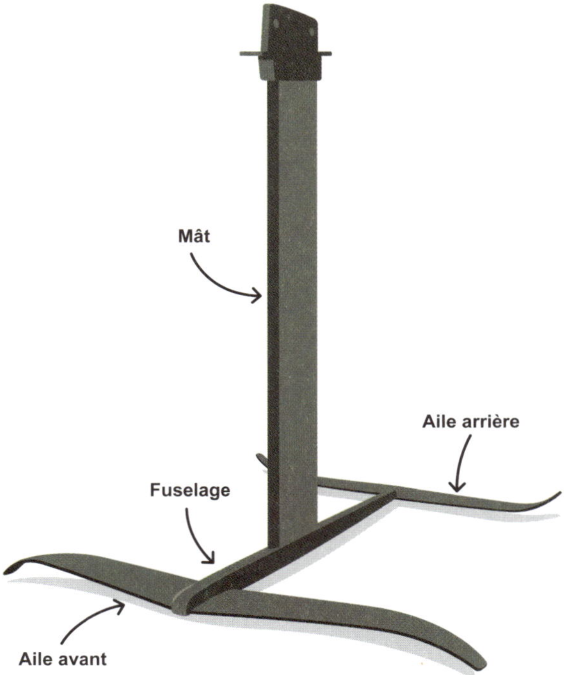

Le foil est constitué d'un boîtier, d'un mât, d'un fuselage, d'une aile ou ailette avant, et d'une aile ou ailette arrière, également appelée stabilisateur.

Le mât

Les longueurs de mât sont variables. Plus le mât est grand, plus la hauteur de vol est importante, ce qui apporte de l'instabilité mais permet de naviguer avec de l'angle. En surf ou en wing, cela permettra d'engager de belles courbes ; en planche ou en kite, la longueur du mât permettra de naviguer contre-gîté afin d'optimiser le couple de rappel et le plan antidérive, ce qui facilitera la remontée au vent. Pour des raisons structurelles, les mâts sont spécifiques à chaque pratique. Un mât de surfoil ne conviendra pas pour du windfoil car les efforts générés par la voile et le planchiste ne sont pas les mêmes que ceux du surf.

Le fuselage

Le fuselage fait la liaison entre l'ailette avant et le stabilisateur. Il peut être solidaire du mât ou, la plupart du temps, amovible, ce qui permet d'en utiliser plusieurs puisque sa taille varie en fonction des supports et de l'utilisation souhaitée par le pratiquant. Généralement, chaque marque propose son type de fuselage sur lequel il est possible de monter différentes tailles de mâts et d'ailettes d'une même gamme. Plus le fuselage est long, plus l'effet de levier est important et plus le stabilisateur est efficace.

L'ailette avant

L'ailette avant est l'ailette principale. Elle est porteuse, c'est-à-dire que son profil est asymétrique, formé par l'extrados (partie supérieure), plus bombé, et l'intrados (partie inférieure), plus plat, ce qui lui permet de générer de la portance.

L'ailette arrière

L'ailette arrière est plus petite que son homologue avant. Elle sert de stabilisateur. C'est d'ailleurs comme cela qu'on la surnomme : le « stab ». Sa forme et ses propriétés sont semblables à celles de l'ailette avant mais son profil est différent. Elle est généralement « dé-porteuse » ou tirante, c'est-à-dire que sa portance est inverse, ce qui permet de créer une force légèrement opposée à l'ailette avant et ainsi d'apporter de la stabilité.

LE DESIGN

Comme nous l'avons évoqué précédemment, la portance varie selon plusieurs paramètres : la masse volumique du fluide, la vitesse, la surface de portance (surface projetée au sol) et le coefficient de portance.
Ce coefficient de portance est quant à lui en partie fonction du design du foil. Il dépend donc de l'incidence, de la forme et de l'épaisseur de l'ailette.
Dans le design d'un foil, outre la courbe latérale de l'intrados et de l'extrados qui ont un rôle essentiel, d'autres paramètres sont notables, comme l'envergure qui correspond à la largeur de l'aile (comme chez les oiseaux), et la corde qui correspond à la distance entre le bord d'attaque et le bord de fuite de l'ailette.
Ainsi, une aile avec une grande envergure et une petite corde, tel un planeur, possède un allongement élevé alors qu'une aile trapue de petite envergure et de corde importante possède un allongement faible.

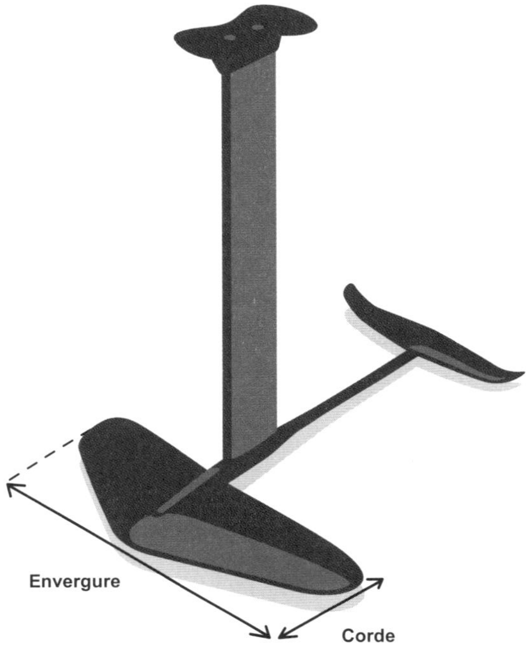

Les ailes à allongement élevé génèrent moins de traînée induite, donc elles sont moins freinées. Elles possèdent une inertie de roulis importante (oscillations transversales, c'est-à-dire rotations autour de l'axe longitudinal), ce qui peut se traduire par de la stabilité mais moins de manœuvrabilité. Enfin, leur grande envergure et leur faible corde les rendent souples ou fragiles car lorsque la vitesse augmente, elles sont soumises à des efforts importants.

De leur côté, les ailes à allongement faible ont moins d'inertie de roulis, ce qui leur procure une meilleure maniabilité mais génère plus de traînée induite. Un moyen de limiter cette traînée est de travailler le profil en arrondissant les extrémités des ailes pour obtenir une forme plus elliptique, ou apporter du vrillage géométrique ou aérodynamique à l'instar des hélices ou pales d'éolienne.

L'épaisseur du profil joue un rôle important sur le comportement du foil. Un foil fin et élancé permet de diminuer la traînée, donc d'être rapide. Mais lors d'un décrochage, c'est toute la surface qui décroche d'un seul coup et c'est le crash assuré. De son côté, un foil plus épais est plus tolérant, sa vitesse sature plus tôt et le phénomène de décrochage est moins violent.

Concrètement, pour une vitesse donnée et une surface de portance donnée :

- un foil stable est un foil portant avec de l'incidence, une longueur de corde élevée et une bonne épaisseur. Il est idéal pour débuter sereinement ;
- un foil rapide est un foil à faible incidence, à faible épaisseur et à fort allongement, donc à grande envergure et petite corde. L'enjeu des fabricants est de limiter autant que possible la fragilité et la souplesse de ce type de foil. Il est destiné aux pratiquants confirmés en quête de record de vitesse ;
- un foil maniable est un foil à faible allongement avec une courbe latérale prononcée pour faciliter les virages, soit une surface totale bien supérieure à la surface de portance impliquant plus de traînée, donc un foil plus lent. Il convient parfaitement à ceux qui veulent surfer et s'essayer aux figures de style.

RRD
Y25
RRD

Enfin, il est possible de combiner les caractéristiques du design avec différentes surfaces de foils. La surface d'une aile avant peut varier de 500 cm² à plus de 2000 cm². Réduisez la taille de l'aile avant pour obtenir un foil plus rapide et par conséquent plus maniable. Au contraire, augmentez la taille de l'aile avant pour diminuer la vitesse et obtenir plus de stabilité.
Chaque foil possède ses caractéristiques. À vous de choisir le bon compromis entre portance et vitesse d'une part, et stabilité et maniabilité d'autre part. Vous disposez à présent de quelques clés pour placer le curseur où vous le souhaitez en fonction de votre niveau et de votre type d'utilisation.

LES FOILS EN L

Sur les bateaux, dériveurs, monocoques ou multicoques, il existe globalement deux grandes familles de foils : les foils en L et les foils en T. On pourrait quasiment écrire l'alphabet avec des formes de foils tant il existe de spécificités dans leurs designs, mais ces deux formes sont les plus répandues.
Un foil en L est composé, d'une partie verticale, le « shaft », et d'une partie horizontale, le « tip ». Il existe de nombreuses configurations de foils en L. Des L parfois plus proches du V, du C ou du crochet, et que l'on retrouve aussi bien sur les multicoques comme les AC72 de la 34e coupe, les AC50 de la 35e coupe devenus F50, les Ultime, les GC32, les Flying Phantom, etc., que sur les monocoques comme les Imoca, et les dériveurs 69F ou Birdyfish.
Dans les configurations où le vol est total, les foils sont forcément associés à des safrans munis de plans porteurs, principalement en forme de T inversé. Le vol est alors réparti sur les plans porteurs du foil et des safrans. Les foils peuvent aussi être utilisés seuls, sans plan porteur sur le safran, comme c'est le cas en Imoca. Leur rôle n'est plus de faire complètement voler le bateau mais d'apporter du couple de rappel, c'est-à-dire d'augmenter le moment de redressement, et de faire décoller la partie avant du bateau afin de réduire considérablement la surface mouillée, donc la traînée.

La plupart du temps, seul le foil sous le vent est immergé, puisque c'est sur lui que reposent les principaux efforts. Le shaft sert principalement de force antidérive, et le tip génère de la portance.

Les réglages se font indépendamment selon le rake, le tilt et le cant :

- le rake correspond à une rotation selon l'axe latéral ou transversal du bateau. Il permet de régler l'angle d'incidence du foil. C'est un réglage essentiel ;
- le tilt correspond à une rotation selon l'axe vertical du bateau. Il permet de régler l'angle d'incidence du shaft ;
- le cant correspond à une rotation selon l'axe longitudinal du bateau. Il permet de régler l'immersion du foil.

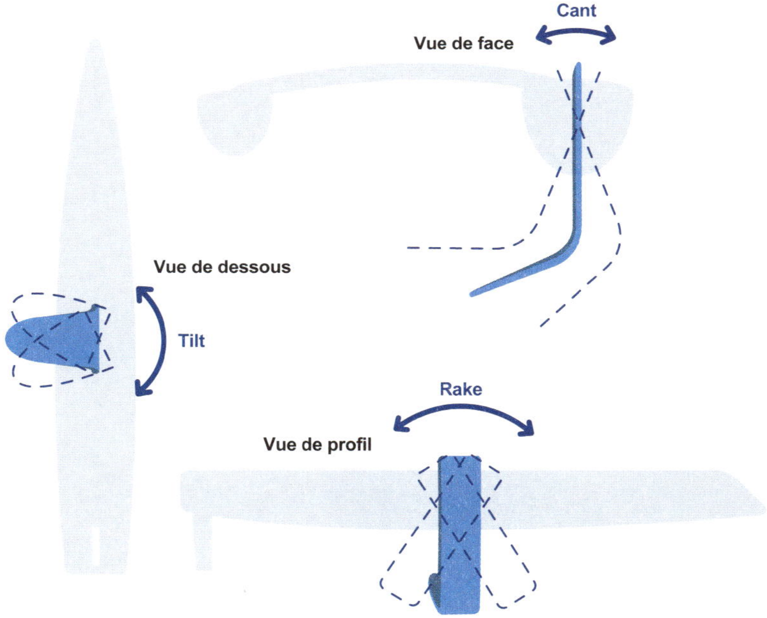

Le réglage du rake, qui correspond à l'incidence du foil, se répercute directement sur la hauteur de vol. Plus l'angle de rake est important, plus il y a d'incidence, plus le bateau décolle. Si le rake est négatif ou nul, le bateau va se reposer.

Le réglage du cant est lié aux profils des foils et notamment des shafts. L'angle de cant permet d'avoir le shaft plus ou moins à la verticale. Plus le shaft est vertical, plus la profondeur du foil et le plan antidérive sont importants. Si, en modifiant l'angle du cant, le foil est plus incliné vers l'intérieur du bateau, le foil sera moins profond et la surface antidérive moins importante, mais on gagnera en surface portante. Le bateau sera moins nerveux et plus facile à piloter, mais au détriment du leeway, c'est-à-dire de la dérive.

LES FOILS EN T

Les foils en T sont également constitués d'un shaft et d'un tip. Le shaft sert de plan antidérive et le tip, de plan porteur. On retrouve les foils en T sur différents supports comme les moths à foil, les TF35 ou les bateaux de la prochaine coupe de l'America.

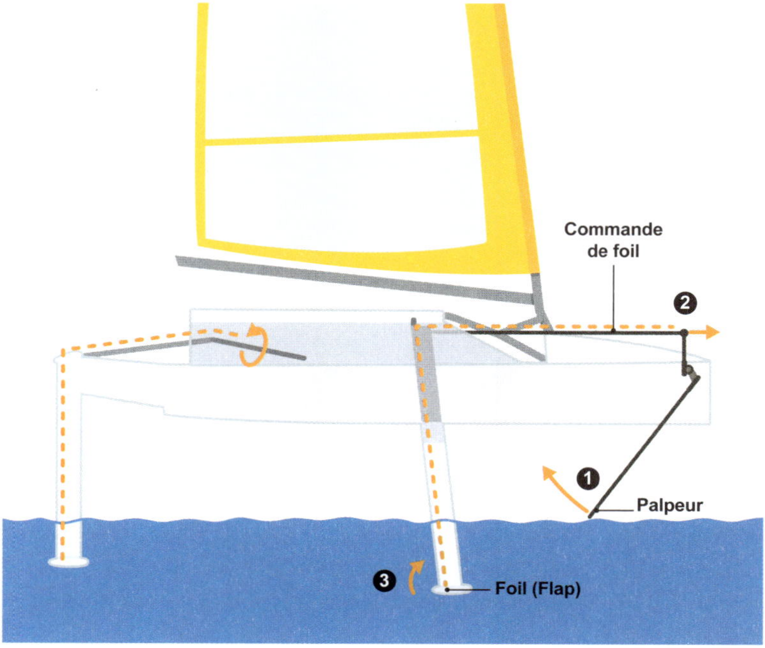

À la différence des foils en L, les tips des foils en T possèdent très souvent des flaps réglables, comme les ailes des avions. Ces flaps sont des sortes de volets, positionnés à l'arrière du foil, qui permettent de régler à la fois l'asymétrie du profil et l'incidence du foil. Lorsque l'arrière du flap est en bas, cela équivaut à augmenter artificiellement la longueur de l'extrados et donc le delta de pression entre l'intrados et l'extrados ; la portance est ainsi créée. *A contrario*, lorsque l'arrière du volet du flap pointe vers le haut, cela revient à mettre de l'incidence négative et la portance diminue. Le réglage des flaps est un paramètre essentiel pour maîtriser la hauteur de vol, donc la performance. Il existe différents systèmes pour semi-automatiser ce réglage, comme c'est le cas en moth à foil avec un système de palpeur qui mesure en permanence la distance entre le bateau et l'eau et ajuste l'angle des flaps.

VENTILATION ET CAVITATION

En vous baladant sur les pontons du Vendée Globe, vous pouvez observer sur les foils des Imoca de petits ailerons fixés perpendiculairement à l'extrados et à l'intrados. Ce sont des fences. Ils servent à limiter la ventilation. Ce phénomène physique est une problématique courante sur les foils proches de l'interface air-eau. Lorsque la dépression hydrodynamique sur l'extrados est inférieure à la pression atmosphérique, l'air en surface, aussi bien que les bulles d'un sillage, est aspiré dans cette zone dépressionnaire le long de la surface du foil. La portance est annihilée et le foil décroche. L'intérêt des fences est alors de canaliser les flux d'eau et de limiter l'aspiration et la concentration des bulles d'air le long de l'extrados.

Un autre phénomène physique est lié à la dépression créée autour du foil : la cavitation. À ne pas confondre avec la ventilation. Ce phénomène est principalement rencontré par les foilers à grande vitesse, un facteur d'ailleurs limitant pour les AC50 de la coupe de l'America. À haute vitesse, la cavitation se déclenche lorsque la pression locale absolue (à savoir la somme de la pression de l'eau, de la pression atmosphérique et la dépression sur l'extrados du foil) atteint le niveau de la pression de vapeur saturante. C'est à ce niveau de faible pression que l'eau passe de l'état liquide à l'état vapeur. Un peu à l'image de la cuisson en Cocotte-Minute.

La pression de vapeur saturante varie en fonction de la température de l'eau. Elle est, à titre d'exemple, de 2300 Pa à 20 °C (23 HPa) contre 3800 Pa à 28 °C (38 HPa).

↱ DÉVELOPPEMENT DES FOILS

Les procédés de fabrication se sont considérablement améliorés ces dernières années et offrent de plus en plus de possibilités pour le design des foils. C'est en partie grâce à cette évolution que la pratique du foil s'est démocratisée. Les fabricants sont capables de réaliser des pièces très légères, résistant à d'importants efforts, avec des finitions parfois exceptionnelles. Si cette qualité de fabrication permet d'obtenir d'excellentes performances, il devient essentiel de porter une attention particulière au soin et à l'entretien des foils. Ils sont votre moteur et il faut être particulièrement précautionneux lors de leur manipulation et les protéger au maximum. La moindre rayure engendrera des perturbations dans l'écoulement du flux ou facilitera l'apparition de bulles d'air qui vous feront décrocher. Les foils en plusieurs parties, dont certaines sont en aluminium, doivent être démontées et rincées abondamment à chaque sortie dans les moindres recoins, d'autant plus qu'un foil en alu n'a qu'une vie.

Bien que la technique ait progressé, elle reste un facteur limitant quant à la réalisation de pièces très pointues de haute performance. Il n'est ainsi pas simple d'obtenir une aile avant de foil de grande envergure, de faible corde et épaisseur tout en ayant une raideur importante, tout comme de réaliser le coude d'un foil en L faisant la jonction entre un shaft et un tip capable de supporter plusieurs tonnes.

De grandes avancées techniques ont toutefois ouvert au monde du nautisme une nouvelle porte, celle du vol. La modélisation numérique, le design ou encore les procédés de fabrication des foils ont considérablement évolué, nous permettant d'avoir accès à des supports incroyables. Les possibilités d'évolution sont encore importantes, ce qui laisse penser que nous ne sommes qu'au début de cette nouvelle ère dont les plus beaux jours sont à venir.

VOLER AU-DESSUS DE L'EAU

Les foils modifient les comportements des supports classiques et demandent de s'y adapter. Voici quelques conseils pour appréhender sereinement votre nouvelle pratique et prendre votre envol en toute sécurité.

Équipement et quelques règles de sécurité

« Mesdames et Messieurs, bienvenue à bord de ce vol de découverte du foil. Les conditions météo sont idéales, une mer plate et une quinzaine de nœuds de vent sont annoncés pour le début du trajet. La vitesse de croisière prévue étant d'une trentaine de nœuds, nous vous conseillons de lire attentivement les consignes de sécurité. »
Eh oui, il est vrai que la pratique du foil nécessite de prendre quelques précautions. Peu importe le support, les vitesses atteintes dépassent très souvent les 30 nœuds, soit plus de 50 km/h, et les impacts sont assez fréquents. Le foil n'est pas une pratique sans risques : quand ça plante, ça plante et le corps est directement exposé ! Et puis les foils sont tranchants, que ce soit leur bord de fuite qui est très fin, ou le foil en lui-même lorsqu'il est lancé à pleine vitesse. Autant d'arguments qui vous obligent à bien vous équiper pour vous protéger.

Témoignage

En 2017, je naviguais en GC32 pour préparer la RedBull Youth America's Cup. Tout à coup dans une manœuvre, à plus de 30 nœuds, le bateau a enfourné : les étraves ont planté sous l'eau et le bateau a dessalé. Je n'ai pas vraiment eu le temps de comprendre ce qui se passait, j'ai été catapulté vers l'avant, j'ai rebondi sur la poutre et fini ma course sans bout dehors. Je m'en suis sorti avec un traumatisme des cervicales et crânien, et quelques points de suture. Autant vous dire que ça n'aurait pas été la même histoire sans équipement... Bref, tous les pratiquants ont leur anecdote pour justifier le port du gilet et du casque !

VESTE D'IMPACT ET CASQUE

Pas la peine de sortir la cotte de mailles, ça reste un sport d'équilibre, il faut garder son agilité ! C'est pourquoi de plus en plus d'équipementiers proposent une gamme spécialement conçue pour les supports à foil.

La base, c'est la veste d'impact et le casque ! Il existe désormais des gilets de sauvetage renforcés au niveau du dos que l'on appelle aussi « veste d'impact », qui couvrent assez bien le haut du corps et permettent de se protéger un minimum en cas de choc. Personnellement, je navigue toujours avec un casque. On s'y fait assez vite, et ça peut sauver !

COMBINAISON ET CHAUSSONS

Pour parfaire la panoplie, on comprend aisément qu'il est préférable de naviguer en combinaison plutôt qu'en board short, d'autant qu'il existe des combinaisons renforcées avec des protections antichoc. La grande question tourne autour du port de chaussons pour se protéger les pieds… Même si les sensations en chaussons n'arrivent pas à la cheville de celles qu'on peut éprouver pieds nus, le débat est légitime. Débutants, optez pour le Néoprène de la tête aux pieds !

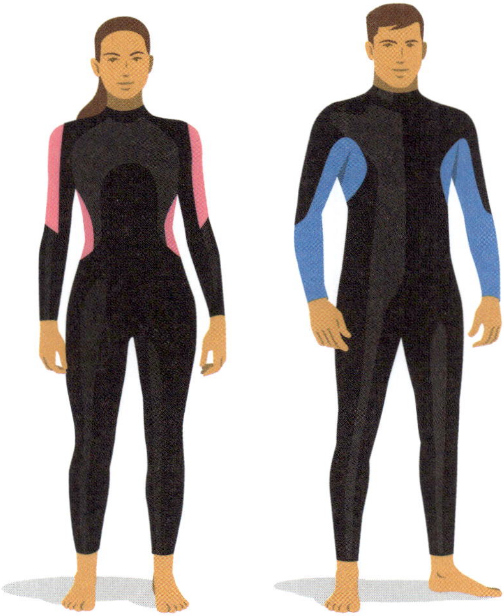

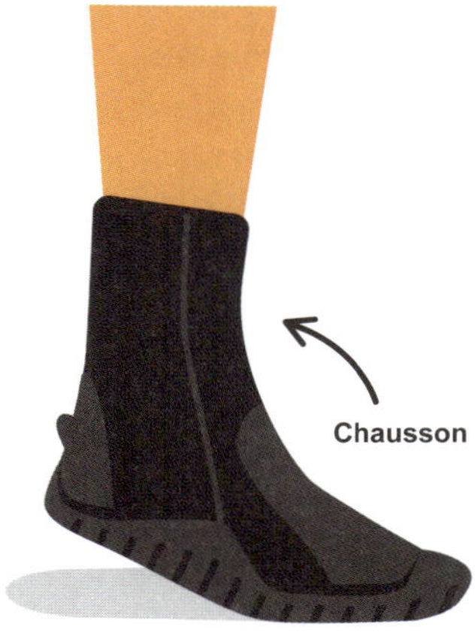
Chausson

POUR VOTRE SÉCURITÉ...

L'idéal est d'embarquer une VHF, allumée sur le canal 16, ou encore sur le canal de veille utilisé par les moniteurs ou le club qui naviguent sur le plan d'eau. Renseignez-vous auprès d'eux avant de vous lancer. Si vous n'avez pas de VHF, vous pouvez emporter un téléphone protégé par une coque étanche, facilement transportable dans un gilet, et appeler le 196 en cas d'urgence. Si vous devez alerter les secours, communiquez-leur votre position, la nature du sinistre, le nombre de personnes à bord, le type et le nom de l'embarcation. Et dans tous les cas, n'oubliez pas, avant de partir, d'indiquer à un proche l'endroit où vous vous rendez.
Avant de vous jeter à l'eau, choisissez bien votre spot! N'hésitez pas à faire un peu de repérage à marée haute et basse ou sur une carte marine pour vérifier qu'il y a assez de fond et que vous ne risquez pas de percuter des cailloux ou un banc de sable. Préférez les spots avec de l'espace, où vous pourrez barboter sans être un danger pour les autres. Et n'hésitez pas à commencer dans des conditions de vent et de mer raisonnables.
Le foil permet de naviguer en se faisant plaisir, même avec moins de vent que les supports classiques!

Paré au décollage?

Comme nous l'avons vu dans le chapitre consacré au fonctionnement du foil, le décollage se fait par la création de portance. Alors, qui dit décollage dit vitesse et incidence! À chaque support et à chaque foil sa vitesse de décollage. C'est comme en avion. Inutile de chercher à décoller sans avoir atteint la vitesse minimale. Bien que les moyens pour atteindre la vitesse de décollage soient spécifiques à chaque support, quelques tendances se dégagent.

ÉTAPE 1: ACCÉLÉRER

Pour accélérer, on cherche à réduire la traînée, donc inutile d'augmenter l'incidence de votre foil trop tôt en vous mettant en appui sur le pied arrière ou en modifiant le réglage de rake, cela ne fera qu'augmenter la traînée et vous mettrez plus de temps à accélérer. Il vaut mieux garder une incidence neutre, ce qui correspond très souvent à une planche ou à un bateau à plat, le temps de construire la vitesse lorsque vous êtes encore en contact avec l'eau. La construction de la vitesse peut se faire simplement en patientant, le temps d'emmagasiner l'énergie nécessaire pour décoller, ou bien en passant par une phase de recherche de puissance en vous rapprochant du vent de travers. Cette phase est primordiale car vouloir voler trop tôt engendre de la perte sur un parcours. En effet, il est assez classique de chercher à voler trop tôt : si vous naviguez avec trop d'incidence de foil durant la phase d'accélération, votre performance sera moindre qu'avec une incidence neutre, donc la vitesse de décollage et le vol seront atteints plus tard.

↱ ÉTAPE 2 : DÉCOLLER

Une fois la vitesse minimum atteinte, l'incidence du foil entre dans la danse ! Pour certains, il faut appuyer sur le pied arrière ; pour d'autres, il faut se reculer ou encore actionner le système de rake. C'est alors qu'un vent de légèreté souffle sur vous. La planche ou la coque décolle. Avant de profiter pleinement de l'instant, pour ne pas s'envoler au sens propre et risquer de planter sur-le-champ, il faut réajuster l'incidence. Cela passe par un transfert et un équilibre des appuis entre le pied arrière et le pied avant sur les planches, cela passe par une remise du rake autour d'une valeur moyenne sur les bateaux. C'est à présent que le plus dur commence : maintenir une assiette stable.

↱ ÉTAPE 3 : STABILISER LE VOL

Une fois en vol, l'objectif est d'obtenir et de garder l'assiette la plus stable possible. Évitez de marsouiner et de décrocher en volant trop haut, au risque de vous crasher. Cette régulation de la hauteur de vol passe par le réglage de l'incidence du foil d'une part, et par le réglage des voiles d'autre part. En effet, le décollage permet une telle accélération que le vent apparent, celui que l'on ressent en naviguant, est modifié. Sa vitesse augmente et son angle est plus faible, ce qui donne l'impression de naviguer plus proche du vent. Comme vous n'avez désormais plus besoin d'autant de puissance que lors du décollage, c'est le moment d'ajuster les réglages de voile en rebordant. En fonction des supports, notamment en bateau ou en planche, cela peut passer par une reprise de la bordure ou du cunningham.

Ce qu'il ne faut pas faire

La règle d'or est d'éviter à tout prix la sortie du foil de l'eau. Mais que se passe-t-il lorsque le foil flirte avec la surface de l'eau ? À la surface, vous pouvez observer de petites bulles d'air dans l'eau. Ces bulles d'air apparaissent avec les turbulences au niveau de l'interface air/eau, les vagues, les sillages, etc. Rappelez-vous, la zone de dépression créant de la portance se situe sur la partie supérieure du foil. Qui dit dépression dit aspiration. Les bulles d'air présentes à proximité de l'interface air/eau, voire l'air en surface lui-même quand le foil est proche de la surface, sont alors aspirées par cette zone de dépression et le foil se retrouve dans un milieu turbulent. C'est le phénomène de ventilation. Le foil va alors décrocher et c'est la chute assurée.

Sensations

Maintenant que votre vol est stabilisé, prenez un peu de recul pour profiter des sensations.

LA VITESSE

Votre première sensation sera celle de vitesse. La vitesse ayant facilement été multipliée par deux ou trois, le vent apparent a considérablement augmenté et les sensations de vent sur le visage sont décuplées. Dès lors qu'il y a autour de vous des bouées, des obstacles ou du monde, il faut veiller à anticiper les situations à venir.
Vous serez également assez surpris par votre capacité à voler dans assez peu de vent, à partir d'une dizaine de nœuds pour les kites, les planches et certains bateaux légers. Ces conditions sont aussi sources de plaisir, surtout lorsque vous avez stabilisé votre vol : vous pouvez alors profiter pleinement de la situation. Vous êtes en plein vol au-dessus de l'eau,

l'environnement est calme, presque paisible, et vous prenez conscience de la magie du foil. C'est d'ailleurs assez troublant d'observer aussi peu de vent sur la surface de l'eau tout en profitant de sensations extraordinaires. Paradoxalement, l'intensité des sensations ne dépend pas seulement du support et de sa capacité de vitesse mais plutôt de sa taille. Plus un support sera de grande taille, un bateau de la classe Ultim par exemple, plus sa stabilité inhibera la sensation de vitesse. Pour naviguer à plus de 35 nœuds sur une planche de 60 cm² en kite à foil, certains vous diront qu'il faut « poser le cerveau », alors que 35 nœuds en Ultim, c'est à peine la vitesse croisière !

LE BRUIT

Une fois cette sensation de vitesse appréhendée, c'est le bruit qui interpelle. Non seulement il est assez perturbant de ne plus entendre le clapotis des vagues sur la coque ou la planche, de ne plus entendre les remous du sillage qui, pour les oreilles affûtées, permettaient de déceler une bonne ou une mauvaise assiette longitudinale, mais tous ces bruits habituels qui nous servaient de repères sont remplacés par une espèce de sifflement proche de celui d'une Formule 1. Ce sifflement est celui du foil mais aussi des lignes, des haubans, des câbles que la vitesse fait chanter.
La pratique du foil nous projette dans une troisième dimension. Avant la naissance du foil, les principales variations d'altitude génératrices d'adrénaline se ressentaient surtout dans les surfs et les conditions de vent fort. Avec ces nouveaux joujoux, nous pouvons réellement évoluer dans les trois dimensions, et les variations d'altitude de vol procurent une sensation de légèreté incroyable. C'est un peu comme si nous avions la possibilité de piloter un hydravion que l'on fait décoller et reposer sur l'eau comme bon nous semble.
Paré à rivaliser avec les exocets, les albatros et les fous de Bassan ?

Comment peut-on naviguer à trois fois la vitesse du vent ?

Pour répondre à cette question, il faut comprendre comment fonctionne un voilier. Les forces qui s'exercent sur un bateau sont à la fois aérodynamiques et hydrodynamiques.

Les forces aérodynamiques se caractérisent par :

- la poussée vélique qui se décompose en une **force de dérive** et une **force propulsive** ;
- **les forces de frottements dans l'air**.

Les forces hydrodynamiques par :

- la **force antidérive** liée aux appendices (safran, dérive, quille, shaft, etc.) ;
- les **forces de frottement dans l'eau** liées aux « surfaces mouillées » qui correspondent à la traînée.

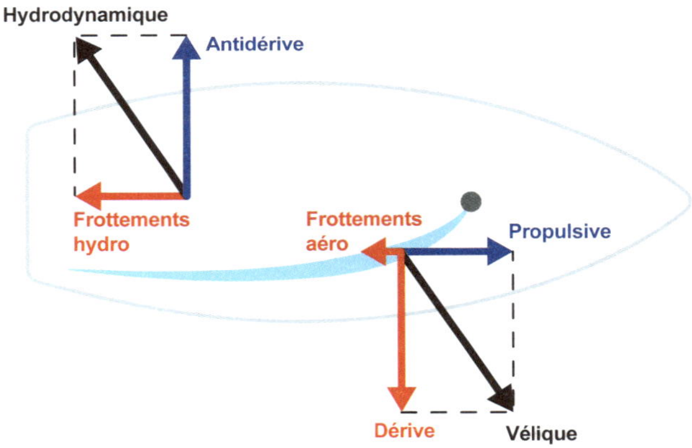

Lorsque le bateau avance, le vent qui arrive dans les voiles, appelé vent apparent, est une combinaison du vent réel – c'est-à-dire celui que l'on pourrait mesurer à l'arrêt – et du vent lié à la vitesse du bateau – le même que l'on ressent principalement lorsqu'on passe la main par la fenêtre de la voiture sur l'autoroute.

Lorsque la vitesse du bateau augmente, le vent apparent qui arrive dans les voiles augmente aussi. Plus le vent apparent augmente, plus il engendre de force vélique propulsive et plus le bateau va vite. Ainsi, le bateau peut atteindre des vitesses supérieures à celle du vent réel grâce au vent apparent.

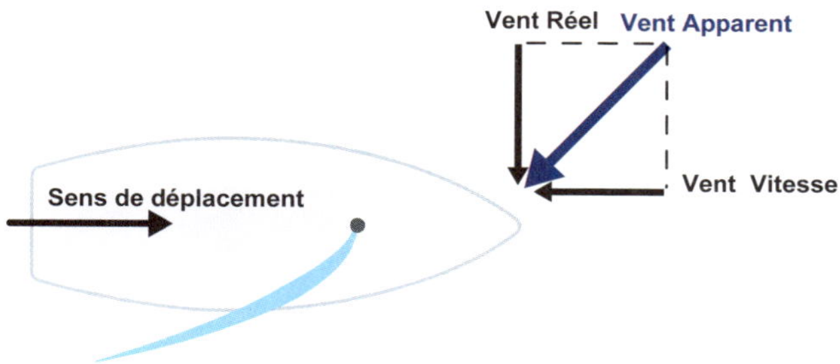

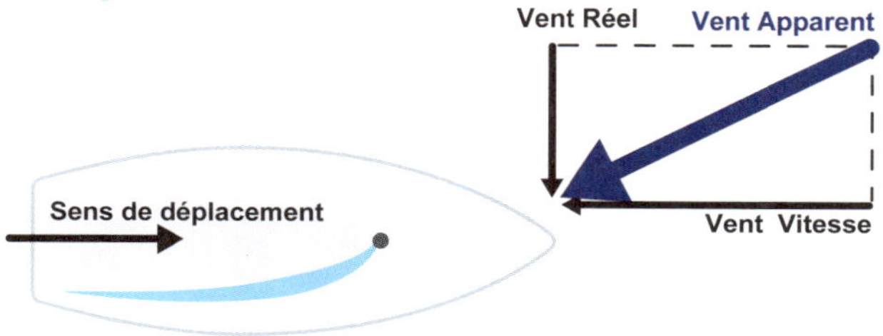

Le bilan des forces illustre le fait que le vent dans les voiles génère une force propulsive pour créer la vitesse du bateau. On comprend également que ce sont majoritairement les forces de frottements, dans l'air et dans l'eau, qui freinent le bateau et limitent la vitesse. En faisant décoller la coque grâce aux foils, les forces de frottements de l'eau sur la coque diminuent fortement et la vitesse du bateau augmente. C'est ainsi que ce cercle vertueux permet de naviguer à trois ou quatre fois la vitesse du vent.

Comment choisir son support et son foil ?

Aujourd'hui, il existe tellement de supports à foil qu'il est possible de voler dans toutes les conditions, on pourrait presque dire qu'on choisit son support plutôt que sa taille de foil en fonction des conditions. Les jours de

grosse pétole, c'est wakefoil. S'il y a de la vague, c'est surf ou SUP foil. S'il y a de la vague et du vent, on sort la wing pour un grand vent arrière, appelé downwind dans le jargon. Au-delà d'une douzaine de nœuds, vous avez l'embarras du choix!
Vous débutez avec pour seul bagage votre motivation et ne savez par quel support ni quel matos choisir? Pas de panique! Pour vous accompagner au mieux dans votre initiation, de nombreux clubs proposent des cours (individuels ou collectifs) sur différents supports, ou de la location de matériel. Autre option: renseignez-vous auprès des magasins de vente spécialisés; leurs vendeurs sauront vous conseiller en fonction de votre niveau et de votre budget. Vous pourrez y dénicher des packs adaptés pour les débutants, du matériel neuf ou d'occasion, ou parfois des bonnes affaires sur des fins de série.
Pour vous guider dans votre recherche, posez-vous les bonnes questions.

↱ LE SUPPORT

Y a-t-il un support que vous affectionnez particulièrement? Y a-t-il un support que vous pratiquez déjà et qui vous facilitera l'apprentissage en foil? Quelles sont les conditions typiques du plan d'eau sur lequel vous allez naviguer? Est-ce que vous souhaitez le transporter facilement?

↱ LE NIVEAU

Une fois votre support défini, demandez-vous s'il est adapté à votre niveau. Avez-vous déjà pratiqué ce support de façon classique, sans foil? Et l'avez-vous déjà pratiqué avec foil, ou est-ce la première fois? Ce questionnement va vous permettre de mieux cibler le matériel à acheter et de trouver le bon compromis entre du matériel facile d'accès pour débuter et du matériel suffisamment performant pour ne pas avoir à le changer dès les premiers bords que vous aurez tirés sans chuter.

↱ L'UTILISATION

Vient ensuite la question de l'utilisation. Prévoyez-vous un usage occasionnel ou régulier? L'utiliserez-vous en compétition? Dans quels types de conditions souhaitez-vous naviguer ? Quelles sont les conditions les plus fréquemment rencontrées sur votre spot ? Est-ce que vous préférez tracer des longs bords à toute allure ou bien prenez-vous surtout plaisir à faire des manœuvres et des figures ?

LE GABARIT

Quel est votre gabarit ? Êtes-vous seul à l'utiliser ou bien servira-t-il à tout le monde lors des vacances ?

LE BUDGET

Définissez votre budget à l'achat et également votre budget à plus long terme. Il est important de vous projeter dans l'évolution de votre gamme de matériel pour les saisons à venir. Une fois que vous avez bien ciblé votre requête, n'hésitez pas à vous faire conseiller dans un surfshop afin de trouver le matériel qui vous convient le mieux.

Si vous êtes débutant, un foil facile d'accès, c'est-à-dire stable, avec un mât court, une aile avant très portante et un long fuselage sera approprié pour découvrir les plaisirs du foil sans passer trop de temps dans l'eau.
À vitesse égale, si vous êtes un petit gabarit, vous aurez besoin de moins de portance qu'un gabarit plus lourd, donc vous pourrez choisir une surface d'aile plus faible que la moyenne. Et inversement.
Si vous prévoyez de naviguer dans du vent faible, votre vitesse sera faible, donc optez pour une grande surface d'aile de foil afin d'obtenir suffisamment de portance. Plus le vent forcira et plus vous irez vite, donc moins vous aurez besoin de surface pour obtenir la portance nécessaire au vol. Si vous êtes à l'aise dans votre pratique et que vous avez le budget, vous pouvez envisager d'investir dans plusieurs tailles d'ailes avant afin de naviguer par tous les temps. Enfin, si vous envisagez de battre des records de vitesse, dirigez-vous vers un foil rapide, alors que si vous privilégiez les manœuvres, optez pour un foil moins rapide mais plus maniable.
C'est le moment de vous jeter à l'eau. Je vous propose de passer en revue les différents supports et d'attaquer par les boards où le foil se suffit presque à lui-même pour avancer ! *Let's go !*

VOLER AVEC UNE PLANCHE

Le foil fait son apparition sous toutes les planches. Du surf à la wing en passant par le kite et la planche à voile, le foil bouscule les pratiques classiques.

SUP foil, surf foil, wakefoil

Le surf foil permet de découvrir le foil dans son plus simple attirail : une planche, un foil. Pour varier les plaisirs, voler par tous les temps, ou débuter plus facilement, vous pourrez vous munir d'une pagaie ou profiter de la traction d'un bateau à moteur et ainsi pratiquer le SUP foil ou le wakefoil.

Fiche identité

Vainqueurs du Foil Contest des Wave Games 2020 à La Torche :
- surf foil : Clément Roseyro ;
- paddle foil : Marius Auber.

Prix d'un pack débutant : 2 000 €.

INVENTION

Le wakefoil a vu ses premiers brevets déposés aux États-Unis dans les années 1970 avant que Mike Murphy et Bob Wolley s'en inspirent pour fabriquer la première planche de wakefoil dans les années 1980.
À la base, la board est plutôt prévue pour être utilisée à genoux. Elle évolue dans les années 1990 avec l'installation d'une sorte de chaise pour être tracté assis. Elle deviendra à la fin des années 1990 une planche avec des footstraps, pour pratiquer debout. Cela fait des émules et au début des années 2000, Laird Hamilton est l'un des premiers à chausser un wakefoil customisé pour surfer les vagues de Kaua'i, une île de l'archipel hawaïen. C'est la naissance du surf foil ! Depuis les années 2000, le design a continué d'évoluer et les supports se sont démocratisés, notamment grâce à des images incroyables comme, en 2016, celles de Kai Lenny en train de voler au-dessus de l'eau dans un lagon des Fidji avec une facilité déconcertante.
Trois catégories distinctes permettent de rider quasiment partout et dans toutes les conditions : le wakefoil ou « tow in foil » c'est-à-dire le foil tracté, le surf foil et le stand up paddle (SUP) foil. Le SUP foil peut se pratiquer soit en surf, soit en downwind, vent arrière, poussé par le vent et en profitant de l'énergie de la houle pour voler. Le foil puise son intérêt non

seulement dans la variété de ses supports mais aussi dans sa large plage d'utilisation. Il permet ainsi de découvrir de nouveaux spots qui n'étaient pas « surfables » et d'étendre la gamme de conditions en surfant des vagues plus petites et moins puissantes.

↱ CHOIX DU MATOS

Habituellement, dans les sports de glisse, le choix de la board est essentiel, puisque c'est l'unique élément assurant la connexion entre le sol, la neige ou la vague, l'eau et le rider. En foil, le choix du type de board est presque secondaire par rapport au choix du foil. Enfin, encore faut-il choisir sa pratique ! Si vous débutez la pratique du foil, il vaut mieux commencer par le SUP ou le wakefoil, en surf tracté par un bateau, plutôt que d'attaquer en surf. Le SUP est plus facile d'accès que le surf. Sa planche plus volumineuse et plus stable permet de mieux comprendre son mécanisme et de se familiariser avec les sensations du vol. De plus, le fait d'avoir une pagaie et d'être déjà debout simplifie (un peu) la tâche. En wakefoil, vous n'aurez pas à vous préoccuper du fond ou des autres pratiquants ; le pilote du bateau qui vous tracte le fera pour vous. Ainsi, vous pourrez vous focaliser uniquement sur votre planche et comprendre son fonctionnement.

> SUP foil

LA BOARD

Avant de vous lancer, assurez-vous que la board est conçue pour la pratique du foil : elle doit être renforcée au niveau du boîtier pour résister aux efforts spécifiques du foil, contrairement à une planche à ailerons classique. Le premier critère de choix est la taille et le volume de la board. Pour débuter, choisissez de la stabilité avec une planche volumineuse. De manière plus générale, si vous avez un budget raisonnable, optez pour une planche polyvalente ou « convertible », idéale pour surfer dans toutes les conditions.
Ensuite vient le choix de la construction et des matériaux. Il existe pour les petits budgets des planches moulées par compression ou en mousses enduites, qui sont un peu plus lourdes et amortissent les vibrations. Elles

se distinguent des planches en fibre de verre, milieu de gamme, qui restent plus abordables que les celles en carbone, plus légères, nerveuses et exigeantes, qui demanderont plus de technique et de précision.
Le principal inconvénient d'une planche lourde est que son poids contre la force de portance ; elle ne vous aidera pas à décoller.

LE MÂT

L'option conseillée pour débuter ? Un mât assez court, moins de 70 cm, utile pour naviguer sur des plans peu profonds et se concentrer sur les premières sensations et la recherche d'équilibre, sans monter trop haut.
Il vous évitera de perdre le contrôle et de chuter.

Bon à savoir

Un foil aura toujours besoin de plus de profondeur qu'un petit aileron classique.

Dès que vous serez à l'aise, vous pourrez passer à un mât plus grand, de 80 ou 90 cm.
Côté matériaux, différentes options sont possibles. Un mât 100 % carbone sera de meilleure qualité et bien plus résistant qu'un mât en mousse qui risquera de se délaminer au fil du temps. Un mât en aluminium sera plus raide, mais soyez vigilant sur la qualité de l'aluminium des pièces.
Le T6061 est le meilleur. Une bonne pièce en aluminium passe aussi par la qualité de son anodisation : plus la pièce est mate (ce qui correspond à une anodisation de plusieurs dizaines de microns), plus elle est de qualité.

LE FUSELAGE

Pour commencer, optez pour un fuselage long ; sa longueur augmentera l'inertie et le temps de réaction et retardera la chute, notamment dans les phases de marsouinage.

L'AILETTE AVANT

Privilégiez la stabilité, donc la portance, l'angle d'incidence, et une grande surface et une bonne épaisseur d'aile. N'oubliez pas de prendre en compte votre gabarit. Une ailette de 1 300 cm² suffira à un poids plume alors qu'un surfeur plus étoffé aura besoin de 1 800 cm².

LA PAGAIE

Pour ramer le plus efficacement possible, la pagaie doit être entièrement immergée, donc sa taille doit être adaptée à celle de l'utilisateur, à la pratique et aux dimensions de la planche. En foil, on conseille de rallonger la pagaie d'environ 8-10 cm par rapport à une pratique du SUP surf sans foil. La taille de la pagaie varie également selon la pratique : en surf, pour être plus manœuvrant, elle sera plus courte.

Les pagaies fixes sont plus légères et limitent les pertes énergétiques lors de la rame. Cependant, elles sont spécifiques à un utilisateur et à une pratique, contrairement aux pagaies réglables un peu plus lourdes qui offrent une palette de hauteurs pour varier les utilisations.

Enfin les pagaies en alu sont plus lourdes, mais plus résistantes, et moins onéreuses que les pagaies en carbone de meilleure qualité. Le pourcentage de carbone varie selon les modèles, plus il est élevé plus la pagaie est rigide et nerveuse.

> Surf foil ou wakefoil

Les critères seront assez identiques à ceux du SUP. Pour débuter, optez pour un mât plutôt court que vous allongerez au fur et à mesure de vos progrès. Privilégiez une aile avec de la surface, de la longueur de corde et de l'épaisseur, pour la portance et la stabilité. En guise de repère, un gabarit de 80 kg peut se baser sur une aile de 1 500 cm². Quand vous serez plus expérimenté, vous pourrez vous diriger vers des profils plus maniables de plus faibles surfaces avec une courbure latérale plus prononcée.

L'avantage de ce matériel est de pouvoir, dans la même journée, enchaîner une session de surf foil et une session de wakefoil. Cependant, avant de vous lancer, n'oubliez pas qu'une ailette se choisit non seulement en fonction du gabarit, mais aussi de l'utilisation et du niveau. Sachez que les foils de wake sont conçus pour décoller à partir de 7-8 nœuds de vitesse puisqu'il est assez facile d'accélérer lorsqu'on est tracté. *A contrario*, les foils de surf sont dessinés pour décoller à des vitesses moindres, autour de 5 nœuds, puisque la vitesse est générée par la vague, la rame, ou la force des jambes lors d'un *pumping*.

↱ LE MONTAGE DU FOIL

L'objectif du montage est d'obtenir un assemblage robuste et sans jeu. La majorité des éléments se fixent avec des vis. L'enjeu est de bien serrer la visserie pour qu'elle ne se desserre pas sur l'eau, sans pour autant forcer sur les vis, au risque d'abîmer les inserts.

Bon à savoir

Le montage se fait idéalement sur une surface douce – un tapis, de l'herbe, une housse de planche –, et il vaut mieux éviter le sable qui risquerait de rayer votre matériel ou de se glisser dans les inserts. Évitez aussi toute vis de fixation du foil.

Les vis utilisées sont en inox ; elles ont une tête étoile assez résistante qu'il faut munir de la clé adaptée. Il est également conseillé d'appliquer régulièrement (tous les trois ou quatre montages) de la graisse anticorrosion pour préserver votre matériel.

Pour monter le fuselage sur le mât, insérez le mât dans le fuselage, placez le fuselage vers le haut et insérez les vis. Réalisez un premier serrage léger sans forcer, simplement pour mettre le mât et le fuselage en position. Retournez l'ensemble de façon à avoir le fuselage au sol et le mât vertical. Maintenez le fuselage au sol (sur une surface douce) avec un pied dessus sur l'avant et poussez le mât sur l'arrière. Retournez l'ensemble. Normalement, vous avez gagné quelques millimètres sur la vis arrière. Répétez l'opération avec le pied sur l'arrière du fuselage, en poussant le mât sur l'arrière pour pouvoir resserrer la vis avant. Réitérez l'opération jusqu'à ce que les deux pièces soient bien emboîtées et qu'il n'y ait plus de jeu entre le mât et le fuselage.

Vous pouvez à présent installer l'aile avant, puis l'aile arrière et la platine, qui fait la jonction entre le mât et la planche, toujours en faisant attention à ne pas trop forcer sur les vis et en posant le foil sur une surface non abrasive.

Enfin, fixez le foil à la planche. Pour cela, retournez la planche et vérifiez que les deux parties soient bien propres avant de placer les vis. Commencez le serrage à la main puis finissez avec la clé en appliquant la même force à chaque vis.

DÉBUTER ET PROGRESSER

1. Comme lors d'une session de surf classique, vous devez au préalable observer le spot et bien choisir votre vague. Plus la vague est haute et creuse, plus vous avez de chances de vous régaler ! En foil, les repères diffèrent légèrement. On ne cherche pas de la hauteur et de la pente mais une vague longue qui génère de l'énergie longtemps. En effet, quand une vague se forme, elle emmagasine de l'énergie. Plus elle est grosse et creuse, plus elle génère de l'énergie. Lorsqu'elle déferle, toute son énergie se dissipe dans l'écume. Si vous cherchez à surfer la vague à ce moment-là, vous risquez d'avoir à absorber toute cette énergie d'un coup tout en évoluant dans des turbulences. Il y a de grandes chances que la vague sorte gagnante du duel. Il faut donc plutôt guetter les vagues molles, celles qui viennent mourir gentiment au pied des châteaux de sable sans même les éclabousser. Les meilleures sont celles qui se déroulent assez loin du bord, qui ont déjà un peu cassé et formé une petite langue de mousse. Elles dissipent une énergie constante que l'on peut utiliser longtemps pour générer de la vitesse et de la portance.
2. Pour débuter sans trop de difficultés, il est recommandé d'avoir quelques bases de surf ou de SUP surf classique : savoir réaliser un take-off, un bottom turn, et suivre la vague en faisant quelques virages. Si vous êtes goofi, c'est-à-dire droitier de pied, privilégiez les gauches pour surfer front side. Si vous êtes regular, privilégiez les droites.
3. La mise à l'eau se fait en portant le foil par le fuselage d'une main et le footstrap ou la board dans l'autre main. La board se pose à l'envers sur l'eau, et le foil en l'air jusqu'à avoir assez de fond pour la retourner et commencer à ramer. Positionnez-vous en avant du foil pour éviter toute mésaventure en passant les premières vagues. Les accidents ne sont pas rares, donc prenez un maximum de précautions.
4. Une fois la vague choisie, une des premières difficultés concerne le positionnement des pieds sur la board. Les boards avec des footstraps imposent la position des pieds : elles permettent de se concentrer sur les appuis avant et arrière pour gérer l'incidence et la hauteur de vol, mais il n'est pas forcément facile de s'en extraire lors des chutes. Sans footstraps, la priorité est donc de trouver et sentir où placer ses pieds pour être précis dans ses appuis. Certaines planches possèdent des

repères colorés pour visualiser les emplacements des pieds. Si la vôtre en est dépourvue, vous pouvez vous repérer par rapport au foil. Comme le centre de gravité doit se situer au-dessus de l'ailette avant, le pied avant se positionne légèrement devant l'ailette avant, au niveau des inserts de footstrap, et le pied arrière se place au niveau du mât du foil.

5. En SUP, la transition entre la position de rame et la position de surf pendant la phase d'accélération avant le take-off est souvent source de chutes. Pour un meilleur contrôle, il est donc conseillé de s'entraîner à prendre la vague avec les pieds déjà placés en position de surf. Pour le take-off, on positionne le pied avant directement au niveau des inserts, et le pied arrière légèrement plus avancé que le mât. Une fois que vous avez emmagasiné un maximum de vitesse dans la vague, c'est le moment de reculer votre pied arrière au niveau du mât et de transférer le poids de votre corps dessus. À cet instant, l'incidence du foil augmente tout en gardant une vitesse élevée. Le principe du foil entre alors en jeu pour vous faire décoller. Si vous restez dans cette position, la mission devient : objectif lune ! Eh oui, tant que le foil a de la vitesse et de l'incidence, il vous fait décoller. Une fois le décollage réussi, vous devez rapidement transférer votre poids sur le pied avant pour obtenir une incidence neutre et stabiliser votre assiette.
6. La position des épaules est aussi un point clé. Contrairement à la position de surf traditionnelle dans laquelle les épaules sont tournées face à la vague, il est conseillé d'ouvrir ses épaules face à la plage et de tenir sa pagaie à 90° par rapport à l'axe de la planche. Pour tourner, orientez votre genou avant du côté vers lequel vous souhaitez tourner et accompagnez la rotation avec les épaules et le regard.

LE PUMPING

Fini le temps où il fallait surveiller la météo pendant des semaines pour espérer profiter d'une session de quelques minutes de surf. Foiler se conjugue par tous les temps. Les vagues mollassonnes insurfables deviennent parfaites pour le foil. Si le vent est soutenu, vous pourrez opter pour du wing foil ou un downwind, et si c'est calme, voire trop calme, il y a toujours un moyen de voler ! Le seul prérequis pour être à l'aise dans toutes ces conditions : savoir pomper.

Le pumping, qu'est-ce que c'est ?

C'est cet effet d'ondulation qui, vu de la plage, donne l'impression que l'on se dandine sur sa planche avec les bras qui se balancent de part et d'autre. Cette drôle de danse permet de faire « palmer » le foil par des effets de pression pour générer artificiellement de la portance. Bien qu'il soit possible de partir à l'arrêt en s'élançant du rivage ou en démarrant à la rame, le plus facile est de commencer par entretenir le vol avec un maximum de vitesse initiale, soit grâce à un surf, soit en se faisant tracter.

1. Dans un premier temps, on entre en mouvement pour chercher à s'alléger en fléchissant la jambe avant afin de faire monter le foil, comme pour monter une marche.
2. Dans un deuxième temps, on remet du poids sur la planche pour faire redescendre le foil.
3. Dans la dernière phase, on cherche de nouveau à alléger la planche en utilisant la poussée des jambes pour rebondir avant de toucher l'eau. Et on recommence ! Utilisez vos bras pour vous donner de l'amplitude et portez le regard au loin pour vous équilibrer et anticiper les vagues.

Quelques pièges à éviter

Vouloir trop pousser sur la jambe arrière pour faire décoller le foil. Ici, le facteur clé pour s'élever n'est pas d'exercer de la pression en poussant sur la jambe arrière mais plutôt de laisser le foil remonter en s'allégeant, c'est-à-dire en diminuant la pression sur le foil. Pousser sur la jambe arrière risque de braquer le foil sur l'eau, ce qui génère de la traînée et casse la vitesse. Pour éviter d'être tenté, vous pouvez avancer légèrement le pied de façon à le placer juste en avant du mât. Le second piège à éviter, c'est de chercher à faire redescendre le foil trop brusquement une fois en haut. Si vous forcez en remettant de l'appui sur votre pied avant, vous risquez de mettre trop d'incidence et de redescendre trop vite, ce qui vous empêchera de maîtriser la remontée suivante. Au fur et à mesure des sessions, vous pourrez vous amuser à varier les rythmes. Jouez avec l'amplitude et la fréquence. Un mouvement en amplitude plus « coulé » est moins énergivore et vous permettra d'entretenir une vitesse moyenne plus longtemps, alors qu'un pumping rapide est très efficace pour accélérer rapidement et récupérer ponctuellement une vague par exemple, mais tenir une fréquence élevée trop longtemps risque de vous donner une petite suée !

1

2

3

Parole d'expert : Tom Auber

Tom Auber, double champion de France de stand up paddle 2018 et 2019.

MES SENSATIONS

« Comme tous les supports en général, le foil a apporté au SUP et au surf une navigation plus douce et agréable du fait qu'une fois en l'air, la planche n'est plus au contact de l'eau et qu'on ne subit donc plus le clapot et la mer formée. Il nous a également permis d'atteindre des vitesses plus élevées, notamment en SUP, grâce à la réduction des surfaces de frottement par rapport à une planche classique. En SUP, le foil trouve principalement son intérêt en downwind (lorsqu'on navigue dos au vent afin de profiter du vent, et de la houle afin d'aller plus vite), puisqu'il est possible de surfer la houle du large et d'atteindre des vitesses moyennes deux fois plus élevées que celles qu'on peut atteindre en stand up paddle de race (course) classique. En ce qui concerne le surf, le foil a révolutionné la discipline au niveau des vagues molles et petites, peu exploitables en surf classique, mais qui s'avèrent parfaites pour le surf foil. Le surf foil nécessite seulement une vague (petite ou moyenne) qui déferle légèrement afin de décoller et de s'amuser. Néanmoins, la discipline se développe super vite et de plus en plus d'experts du surf foil surfent désormais des vagues creuses et plus grosses. »

MON SPOT PRÉFÉRÉ

« Pour une bonne session de SUP foil en downwind, je préfère effectuer la descente entre Antifer et le cap de La Hève à Sainte-Adresse, par vent de nord-est, c'est l'un des meilleurs parcours downwind que j'ai effectués. Pour le surf foil, j'adore en faire chez moi, dans la baie du Havre (au Ponant ou sur le banc de sable du Bruges), car les vagues sont assez longues et donc idéales pour foiler ! »

Kitefoil

Le kitefoil est sûrement l'une des disciplines à foil les plus sensationnelles. Ici, le foil accentue la dimension aérienne déjà existante grâce à l'aile (*the kite*). La planche compacte et ultra-légère donne l'impression de ne rien avoir sous les pieds ; voler au-dessus de l'eau prend alors tout son sens.

Fiche identité

- Premier Kitefoil World Series : Axel Mazella (France).
- Champion d'Europe en titre (2020) : Axel Mazella (France).
- Championne d'Europe en titre (2020) : Julia Damasiewicz (Pologne).
- Prix d'un pack complet débutant : 2 000 €.
- Top speed : 45 nœuds.

INVENTION

Dans les années 1970, quelques marins ingénieux imaginent doter leur bateau d'une sorte de spinnaker aérien ou de cerf-volant, nommé aile ou voile. En 1984, les frères Legaignoux brevettent la première aile courbe à structure gonflable qui arrivera dans les mains de Laird Hamilton à Maui dans les années 1990, grâce à Manu Bertin. L'aile fut testée sur une planche de surf. Les images font la une de *Wind Magazine*. Ce sont les grands débuts du kitesurf ! En parallèle, le foil évolue et se démocratise. La combinaison des deux donne naissance au kitefoil qui est pratiqué uniquement par quelques pionniers dans les années 2000, avant que le grand public ne découvre réellement ce sport et puisse y avoir accès une dizaine d'années plus tard.

CHOIX DU MATOS

Grâce au foil, vous ne traînez plus toute la surface de votre planche dans l'eau mais seulement la surface profilée du foil. Vous réduisez ainsi considérablement les frottements, ce qui permet de naviguer avec moins de puissance qu'en kitesurf. Vos repères s'en trouvent modifiés, vous naviguez avec une aile plus petite ou avec la même aile, mais dans des conditions de vent plus légères.

Bon à savoir

Il existe différents types d'ailes, les classiques avec des lattes gonflables ou les ailes à caissons sans lattes, inspirées du parapente. Pour la pratique du kitefoil, dont les débuts peuvent être un peu mouvementés, il est préférable d'opter pour des ailes mono latte qui sont plus stables et faciles à piloter que les ailes classiques.

La board

Le choix de la board est fonction de votre niveau. Il existe différentes tailles de planches, les plus volumineuses apportent de la stabilité et facilitent le décollage surtout dans les petits airs – moins de 12 nœuds. En progressant, vous chercherez à gagner en vitesse et opterez pour des planches moins volumineuses et plus légères. Il est plutôt conseillé de commencer avec des footstraps avant assez larges : ils vous guideront sur la position des pieds et du corps. Par contre, à moins de faire de la compétition et de vouloir atteindre immédiatement des vitesses élevées, il est intéressant de retirer le footstrap arrière : il vous évitera de vous blesser si votre pied reste coincé dans le strap lors d'une mauvaise chute, et vous obligera à ressentir et à trouver les justes appuis dans la jambe arrière.

Le mât

Comme pour les autres supports, le choix du mât dépend de votre niveau. Pour commencer, il est préférable d'opter pour un mât court, autour de 70 cm, qui sera plus tolérant en cas d'appuis hésitants. Au fur et à mesure des sessions, vous évoluerez vers un mât de plus en plus grand, jusqu'à 100 cm. L'idée n'est pas de voler plus haut à la verticale, mais de pouvoir naviguer contre-gîté en mettant le plus d'angle possible sans que la board ne touche l'eau. Les ailettes du foil inclinées, et non plus horizontales, créent plus d'appuis dans l'eau : ainsi, vous gagnez en plan antidérive et remontez mieux au vent. Si vous débutez ou si vous n'en faites qu'une utilisation ponctuelle, l'aluminium, plus abordable que le carbone, suffira ! Ce n'est qu'en atteignant un bon niveau que vous sentirez la différence.

Le fuselage

Vous pouvez choisir soit un fuselage long (70-90 cm) qui vous apportera de la stabilité, soit un fuselage court (35-50 cm) qui vous donnera plus de manœuvrabilité. La section du fuselage peut prendre plusieurs formes, certaines sont carrées ou rectangulaires, d'autres sont plus profilées pour améliorer l'écoulement des flux. Côté matériau, le titane possède des propriétés mécaniques incroyables et une excellente résistance à la corrosion, aux chocs et à la fatigue. De plus, il est très léger, ce qui en fait la Roll Royce du marché. Forcément, il faut y mettre le prix… Plus communément, vous trouverez des pièces en carbone, avec ou sans mousse à l'intérieur, afin de l'alléger, et surtout de l'aluminium. Il est tout à fait possible de choisir un foil hybride avec un fuselage en alu et un mât ou des ailettes en carbone. Si vous optez pour des pièces en aluminium, préférez un aluminium de qualité de type T6061 et une anodisation en profondeur, gage de qualité. Bien que l'aluminium soit un métal assez résistant à la corrosion, il l'est moins que le carbone et demande un très bon entretien lorsqu'il est utilisé dans l'eau de mer, notamment au niveau des insertions des différentes parties.

Les ailettes

Portance et rapidité ou stabilité et maniabilité ? Le choix de l'ailette avant et du stabilisateur dépend encore une fois de votre niveau, de votre gabarit et de l'utilisation souhaitée. Plus la surface de l'ailette sera grande, plus elle sera portante, et plus vous pourrez naviguer dans des conditions de vent faible, mais elle générera plus de traînée et sera limitée en vitesse. Et inversement.

DÉBUTER ET PROGRESSER

1. Pour débuter en kitefoil, il est préférable d'avoir quelques bases du kitesurf, de savoir sortir de l'eau, tourner, de savoir déhooker, réaliser un décollage inversé, faire des kiteloop, etc. Choisissez un spot que vous connaissez, un jour où les conditions de vent sont bonnes (autour de 10-15 nœuds). Évitez les vents de terre et les plages trop fréquentées par les autres kitesurfeurs ou par les baigneurs. Préférez une barre avec des lignes longues pour obtenir une aile plus stable avec des mouvements moins saccadés, afin de vous concentrer uniquement sur l'appréhension

du foil. Optez pour une aile de kitesurf classique que vous connaissez bien, ce qui vous évitera de changer trop de paramètres d'un coup en passant directement sur une aile à caissons. Vous devez déjà apprendre à gérer votre foil. Ce n'est pas la peine d'en rajouter!

2. Une fois dans l'eau, la première phase consiste à s'entraîner à faire du body drag avec la planche, c'est-à-dire à se laisser traîner dans l'eau afin de sentir le comportement de l'aile et de la planche, dont le foil vient modifier l'équilibre habituel. Vous verrez qu'il est possible de remonter au vent en body drag avec la planche grâce au foil qui fait office d'antidérive.
3. Ensuite, entraînez-vous à naviguer à plat sans voler, en mettant le poids de votre corps sur l'avant. Une fois cette étape maîtrisée, vous pouvez chercher à décoller. Le départ reste le même. Il faut être patient pour acquérir la vitesse de décollage. Une fois à la bonne vitesse, le foil monte tout seul. Il ne sert à rien de forcer le décollage en appuyant sur la jambe arrière, vous risqueriez de braquer le foil, d'augmenter la traînée, donc de diminuer la vitesse et finalement de tarder à décoller.
4. Lorsque vous serez en vol, l'objectif est de contrôler l'assiette et d'éviter de marsouiner. Pour cela, il faut oublier les habitudes du kitesurf en twintip et ne pas forcer sur la jambe arrière pour éviter de décoller d'un coup et de se crasher. Si vous sentez que vous montez trop vite, appuyez sur votre jambe avant ou avancez légèrement votre jambe arrière. Si vous perdez le contrôle, ne cherchez pas à vous rétablir. Laissez-vous partir et éjectez-vous le plus loin possible du foil pour éviter de le croiser en chemin. Pour vous arrêter, diminuez l'incidence du foil en transférant vos appuis sur l'avant. Dans la pratique, qu'est-ce que cela donne? Il va y avoir des gamelles, des plif, des plaf, des plouf, des gros plouf, des moments où vous vous demanderez ce que vous faites là, des moments où vous vous direz: « C'est bon, c'est facile en fait », et puis splashhh, vous redescendrez d'un étage avec l'aile à l'envers. Mais au bout du compte, après quelques (plusieurs) heures passées dans l'eau, vous ne le regretterez pas! Le mot d'ordre: la persévérance!
5. Au fur et à mesure de vos progrès, vous pourrez faire évoluer votre matériel pour vous diriger vers des planches et des foils plus légers et plus affûtés, avec des ailes et des stabilisateurs plus petits. Ce sera l'occasion de faire des essais de matériel pour sentir l'influence des différents paramètres et ce qui vous convient le mieux en fonction de

votre pratique. Si vous préférez la vitesse et la race, vous évoluerez vers des foils aux ailettes plus fines, plus allongées et plus techniques. Vous pourrez changer votre aile pour une aile à caissons, remettre un footstrap arrière pour aller chercher plus d'appuis et de vitesse. Si vous préférez les figures et manœuvres, vous pourrez monter en gamme tout en gardant un minimum de surface portante afin de relancer en sortie de manœuvre. Et puis viendra le moment où vous serez obsédé par vos foiling tacks!

LE FOILING TACK

Avant d'at-tacker, jetez toujours un coup d'œil à ce qu'il se passe derrière pour éviter une collision! Le secret pour réussir un foiling tack, un virement de bord en vol, est de garder un maximum de vitesse tout au long de la manœuvre. Facile à dire mais plus compliqué à faire. Outre la gestion de la vitesse de l'aile, une des difficultés est de gérer l'assiette de la planche car on arrive en position sur les talons contre-gîté (back side) sur un bord, et on doit ressortir en position contre-gîté sur l'autre bord. La planche doit donc effectuer une rotation de presque 90° autour de l'axe longitudinal. Pour y parvenir, il faut passer par une assiette neutre au moment où l'aile passe au-dessus de votre tête, au zénith. Si vous avez gardé le footstrap arrière, le pied arrière en sort pour rejoindre directement le footstrap avant opposé. Ainsi, au passage de l'aile au zénith, vous vous trouvez avec une planche à plat, le pied avant toujours dans le footstrap avant, et le pied arrière (qui devient également pied avant) dans le footstrap avant. À ce moment, vous vous retrouvez le corps au-dessus de la planche, les deux pieds dans les footstraps avant, tourné vers l'avant de la planche, proche du face au vent. Pour finir la rotation, votre pied avant, qui devient à son tour pied arrière, se recule. Au début, placez-le naturellement juste devant le footstrap arrière le temps de retrouver l'équilibre et d'accélérer de nouveau. Au fur et à mesure, il viendra directement se glisser dedans. Pour garder le vol, un angle de sortie un peu trop abattu, c'est-à-dire un cap plus proche du vent de travers que du près, n'est pas dérangeant dans un premier temps. Vous l'ajusterez avec l'expérience. Une fois que vous avez intégré ce petit pas de danse, une des clés est de conserver une aile ayant de la vitesse. Il est important d'avoir une aile qui accélère durant toute la manœuvre, qu'elle ne s'arrête pas au zénith au milieu du virement, qu'elle ralentisse pas si vous vous sentez déséquilibré.

1. Vous naviguez au près, vitesse maximum, back side (dos au vent) sur les talons.
2. L'entrée : crantez-vous et dessinez une courbe pour vous rapprocher du vent en choquant l'aile tout en conservant du contrôle. Portez votre regard sous votre coude avant pour vous aider à tourner.
3. La transition : au moment où l'aile en mouvement franchit le zénith, bordez pour profiter de la sustentation et gardez de l'altitude au moment du changement de pied. Le pied arrière vient alors chercher le nouveau footstrap avant. Vous cherchez à être le corps au-dessus de la planche et les jambes légèrement fléchies, comme si vous étiez sur une chaise.
4. La sortie : le nouveau pied arrière vient se replacer juste devant le footstrap arrière dans un premier temps, puis directement dedans. Renvoyez l'aile pour reconstruire la vitesse.
5. Vous êtes de nouveau au près, relancé à la vitesse maximum, back side sur les talons.

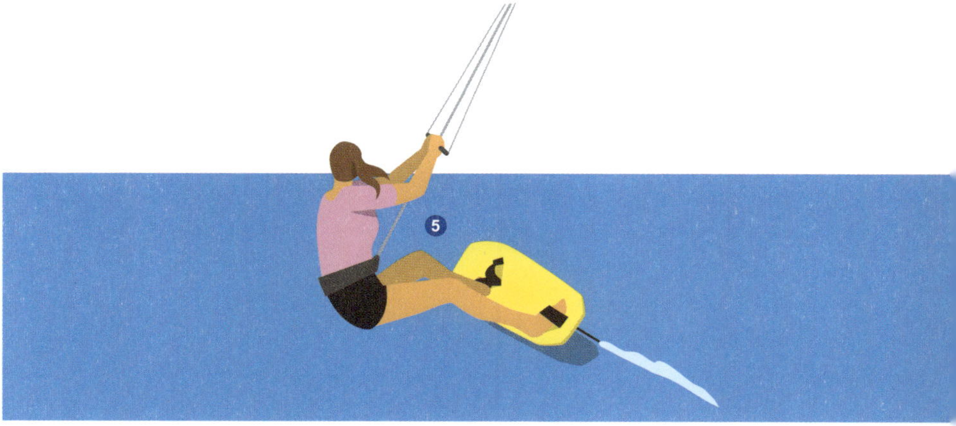

Astuce

En fonction des conditions, vous pourrez ajuster les étapes. Dans le vent faible, l'entrée doit se faire avec plus de puissance et une rotation plus franche pour perdre le moins de vitesse possible.

Au contraire, dans le vent fort, vous aurez besoin de moins de puissance et vous pourrez rallonger la courbe, ce qui vous fera aussi gagner au vent.

Parole d'experte : Ariane Imbert

Coach de l'équipe de France de kitefoil.

MES SENSATIONS

« Le foil m'a apporté de nouvelles sensations, un peu de lévitation, un peu de liberté, mais avant tout de nouvelles optiques en terme de performance. Avant en twin-type [planche classique amphidrome], on n'osait pas trop s'aventurer loin parce qu'en cas de galère, on n'était pas bien avec notre twin qui coulait. Avec le foil, c'est plus facile. On peut vraiment remonter au vent, on peut naviguer avec moins de vent. Le foil a vraiment ouvert de nouvelles destinations, de nouveaux horizons en termes de raid ou de balades. Et surtout, il a permis d'amener le kite dans la plage basse. Avant, pour faire du kite, il fallait 12-15 nœuds. Et encore, 12 nœuds, au début, c'était un peu galère ; maintenant, avec les nouvelles ailes de kite en twin-type à 12 nœuds, on y arrive, et avec un foil, quelqu'un qui a un niveau correct en kite va pouvoir naviguer à 8 nœuds ! »

MON SPOT PRÉFÉRÉ

« À chaque fois que je reviens dans l'Almanarre, dont je suis originaire, je suis super contente ! L'Almanarre est un spot extraordinaire : en fonction du secteur de vent, la houle peut faire de bonnes vagues, il y a un plan d'eau plat, la baie de Hyères et les îles. Je trouve ça hyper intéressant en termes de possibilités, on ne se lasse jamais ! »

Windfoil

À l'image du kite, le foil révolutionne la pratique de la planche à voile. Du freeride (pratique libre) au slalom, il y a des foils pour tous les niveaux de pratique.

Fiche identité

- Champion du monde en titre de Formula Foil : Nicolas Goyard.
- Championne du monde en titre de Formula Foil : Hélène Noesmoen.
- Record de la base de vitesse de Brest : 31,755 nœuds sur 500 m par Damien Le Guen et 37,89 nœuds en vitesse maximale (record mondial) par Florian Madec.
- Record mondial sur 1 mille nautique : 30,76 nœuds sur 1 nm par Antoine Albeau.
- Record personnel de Nicolas Goyard sur 500 m : 33,2 nœuds.

INVENTION

L'histoire du windfoil, à savoir la planche à voile à foil, est étroitement liée à celle du surf foil. On recense les premiers prototypes de windfoil au milieu des années 1980, en même temps que les premiers wakefoils et surfs foil.
En 1990 Laird Hamilton dévoile au grand public le surf foil, suivi du windfoil quelques années plus tard. À Maui, on voit alors Kevin Ozee et Rush Randle s'essayer aux premiers vols avec leur planche conçue avec un foil en aluminium, par les shapers de l'île, Carl Hill et Tominator.
En 2000, Antoine Albeau rencontre Rush Randle et Kevin Ozee à Maui et teste leur foil. C'est pour lui la découverte de sensations incroyables, dont la possibilité de planer dans des conditions de vent plus faibles, mais à une vitesse modérée. Après plusieurs hivers à leurs côtés, le multichampion du monde rentre avec cet objet de curiosité sur son île de Ré. De son côté, Kevin Ozee tente de le commercialiser mais personne ne s'y intéresse encore.
Il faudra attendre 2013 et la médiatisation de la coupe de l'America pour voir les foils prendre leurs envols !

CHOIX DU MATOS

La board

Avant de commencer, demandez-vous si vous pouvez utiliser votre matériel classique en l'état. Est-il équipé d'un boîtier spécifique, appelé « Deep Turtle », pour y fixer le foil ? Si jamais le vôtre ne convenait pas, il est possible de le faire changer. Sachez que naviguer en foil concentre les efforts au niveau du boîtier de l'aileron ou du foil, ce qui peut fragiliser un flotteur qui n'est pas conçu pour naviguer en foil.

Comment sont positionnés les footstraps ? Pour débuter, il est préférable de ne pas avoir les footstraps arrière trop excentrés car vous chercherez à mettre le pied arrière à plat sur la planche. L'avantage d'une planche de foil est d'être moins longue et plus large, notamment à l'arrière. Les footstraps sont plus centrés et la carène est optimisée pour éviter de trop ralentir lors des touchettes, ces moments où la planche touche la surface de l'eau pour redécoller rapidement.

Astuce

Protégez le nez de votre planche pour prévenir, lors des catapultes, des chocs du mât et du wishbone (bôme double) qui pourraient l'endommager.

La voile

Globalement, le foil demande de naviguer avec une surface de voile plus petite qu'en planche à voile classique. Le décollage est le seul moment où l'on a besoin de puissance. En vol, on cherche à la diminuer. Pour débuter, préférez une petite voile légère et maniable pour être plus à l'aise en vol et éviter de vous faire « arracher » à cause d'un excès de puissance, quitte à connaitre quelques décollages un peu poussifs.

Dans le choix de la voile se pose la question des cambers, ces embouts de lattes pivotant autour du mât pour donner plus de volume à l'avant de la voile et la rendre plus performante. Au début, il est plus facile de naviguer sans, surtout dans les manœuvres, notamment pour l'apprentissage des empannages en volant : les foiling jibes, où le passage des cambers peut créer un déséquilibre et faire perdre le vol en fin de manœuvre.

Par ailleurs, lors du choix du matériel, inquiétez-vous du couple flotteur/voile, en mode freeride, c'est-à-dire en navigation plaisir, surtout vent de travers. L'objectif est d'utiliser une petite voile sans camber, maniable et légère (environ 2 m² de moins qu'en planche à voile classique). Associez-la à une planche pas trop large pour pouvoir quand même accélérer et décoller (75-80 cm de large), et à un mât de foil assez court – 70 à 80 cm. En mode freerace – un mode pour les windfoilers confirmés –, la navigation est plus axée sur la performance avec du matériel plus puissant qui nécessite de s'impliquer physiquement pour faire accélérer la planche, de maîtriser le pumping, et de naviguer contre-gîté pour gagner en cap. Les voiles font environ 1 m² de moins qu'en planche à voile classique et possèdent quelques cambers. Les flotteurs sont alors plus compacts, avec un arrière bien large pour avoir plus de contrôle sur le foil. Celui-ci est plus long qu'en freeride – environ 100 cm –, et plus raide.

DÉBUTER ET PROGRESSER

Pour vos premières navigations, veillez au choix de votre spot et aux conditions météo. Évitez les zones avec des cailloux, des bouées de pêcheurs ou trop fréquentées, et préférez un point de chute sous le vent sans danger, comme une grande plage de sable fin. Côté météo, 12 à 15 nœuds de vent stable et une mer plate rendront votre session fort agréable, d'autant plus si elle est agrémentée d'un rayon de soleil et d'une eau pas trop fraîche. Ne vous précipitez pas à l'eau, tête baissée, par vent fort et irrégulier. Le risque de clapot entraînerait une instabilité et vous mettrait en difficulté. Patientez jusqu'au retour d'une météo plus clémente. L'objectif de vos premiers bords : découvrir le comportement de la planche avec son foil, sentir l'équilibre entre l'appui dans la voile et sous vos pieds. Alors inutile de chercher dès le premier bord à utiliser votre harnais et de mettre les deux pieds dans vos footstraps.

Comment éviter de vous blesser en cas de chute ?

En gardant les deux mains sur le wishbone, on s'expose à quelques catapultes, mais cela vous évitera de percuter le foil. Au près ou au vent de travers, le meilleur moyen de s'en sortir si la situation tourne mal, c'est de lofer. On dit que « l'escape se fait par le haut » : la chute vous plaquera à

l'eau et sera peu violente. À l'inverse, au portant, il sera possible de vous éjecter du matériel pour le laisser continuer au loin sous le vent.
Au fur et à mesure des sessions, vous allez prendre confiance sur la planche et mieux comprendre le fonctionnement du support dans les trois dimensions, notamment en tenant compte de ce nouveau paramètre qu'est l'altitude.

Quelles sont les clés pour progresser ?

1. Tout d'abord, levez le nez et détachez votre attention de la planche pour observer le vent à venir. Dans combien de temps arrivera la prochaine risée ? Est-elle forte ? Longue ou courte ? Vient-elle plutôt de la gauche ou de la droite ? Va-t-elle vous tomber dessus ou allez-vous la rattraper ? Et derrière cette risée, que se cache-t-il ? De la molle ? Une série de vagues ? Grâce à ces indicateurs, vous apprendrez à anticiper les réglages de voile et votre position, vous saurez quels appuis adopter pour gérer au mieux les transitions, vous conserverez le vol sans vous faire surprendre tout en gardant un bel équilibre.
2. Affinez les réglages du matériel, notamment celui du foil. Pour une même aile avant, il est possible de jouer sur la puissance du foil en faisant varier l'incidence du stabilisateur à l'aide d'une petite cale fixée à l'avant ou à l'arrière du stabilisateur lors du montage. En plaçant la cale à l'avant du stabilisateur, vous augmentez la portance générale du foil, et inversement. Une fois sur l'eau, vous pourrez également jouer sur la puissance du foil en modifiant la position du pied de mât. En l'avançant, vous diminuerez la puissance du foil. En le reculant, vous l'augmenterez. L'objectif sera de trouver le bon équilibre dans le réglage de base du matériel, et une position confortable : vous éviterez ainsi de forcer sur vos appuis.
3. Une des difficultés du foil est d'appréhender la vitesse. Autant il est facile d'atteindre rapidement des allures inattendues, autant il est difficile d'oser y aller, de crainte de ne pas réussir à les maîtriser correctement. Pour progresser, un maître mot : oser ! Osez dépasser vos limites, osez engager un jibe à 25 nœuds, osez tirer dessus pour accélérer et dépasser vos records de vitesse. Pour cela, apprenez à faire confiance aux performances de votre matériel que vous optimisez en en prenant soin, par exemple en renforçant le nez de votre planche

à l'aide d'une coque ou d'une mousse que vous trouverez dans un surf shop. Et protégez-vous en portant systématiquement vos équipements de protection. Cette garantie de sécurité renforcera votre confiance en vous.

LE FOILING JIBE

Rien de tel que de poser un beau foiling jibe devant la plage. Je ne vous cache pas que ce sera plus facile si vous maîtrisez déjà bien le jibe en windsurf classique. Comme à chaque fois que l'on s'apprête à poser une manœuvre, on n'oublie pas de jeter un coup d'œil autour, histoire de vérifier qu'il n'y a personne sur notre route.

1. Vous naviguez au portant à une altitude modérée.
2. Décrochez-vous du harnais sans surborder, c'est-à-dire sans tirer sur le wishbone. Gardez le gréement devant vous.
3. Le pied arrière sort du footstrap et se place sous le vent. Cette étape peut être réalisée en deux temps : d'abord le pied sort du footstrap et se pose juste devant, ce qui vous permet de garder un appui pied arrière, puis dans un second temps, il vient prendre appui sous le vent. C'est à ce moment que vous attaquez la courbe. Pas besoin de surborder la voile comme en windsurf, au contraire : gardez le mât droit au-dessus de la planche. La prise de carre doit être plus douce que sur une planche classique.
4. Lorsque vous arrivez vent arrière, le passage des pieds se fait rapidement. Le pied avant vient chasser le pied arrière et l'envoie dans le foot-footstrap avant.
5. Le passage de la voile s'effectue assez tôt. Anticipez la puissance présente dans la voile lorsqu'elle se regonflera : elle redonnera de l'appui sur l'avant de la planche. Pour les voiles à camber, leur passage peut créer quelques mouvements parasites qu'il faut anticiper pour ne pas perdre le vol.
6. Le pied arrière retrouve son footstrap.

Pour garder le vol pendant le jibe, vous pouvez ajuster l'incidence du foil avec le poids de votre corps ou en inclinant la voile sur l'avant ou l'arrière.

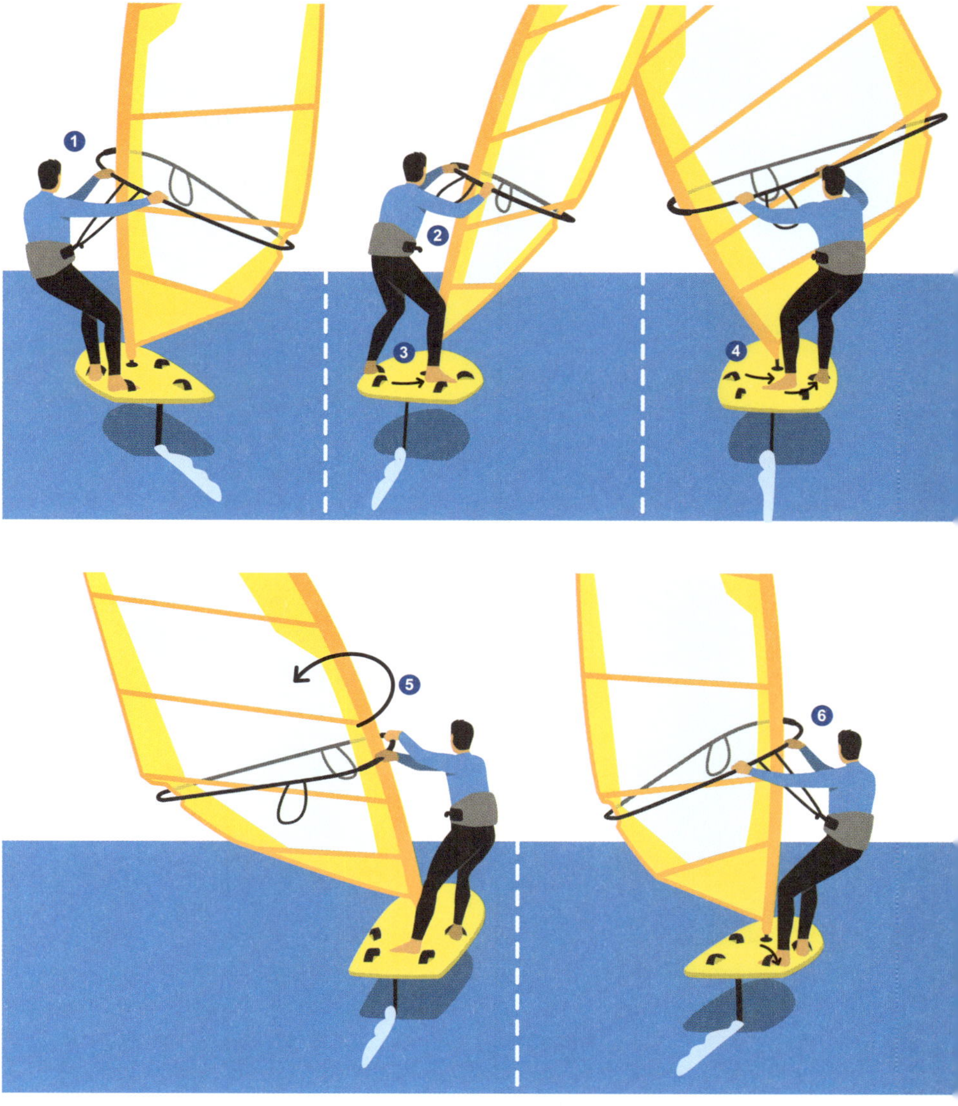
1
2
3
4
5
6

Parole d'experte : Hélène Noesmoen

Championne du monde de Formula Foil et championne d'Europe d'IQfoil, 2020.

MES SENSATIONS

« Foiler, c'est être en équilibre instable à pleine vitesse, et tout se joue dans la finesse de cet équilibre. On gère un équilibre en trois dimensions que l'on régule en permanence : hauteur de vol, gîte/contre-gîte, et assiette longitudinale de la planche pour ne pas planter. En planche à voile, beaucoup de sensations et d'actions passent par les pieds. Une grande partie du maintien de cet équilibre se joue dans la répartition d'appui entre le pied arrière qui permet de prendre de la hauteur, et le pied avant, qui

permet de plaquer la planche plus près de l'eau, combinée à des appuis talons pour gérer l'assiette de la planche. À cela s'ajoute la gestion de la puissance du gréement par l'action de choquer ou border.
En progressant, on arrive à donner beaucoup plus d'importance à l'appui que l'on met dans le harnais, qui permet de gérer la puissance et le positionnement du gréement, et en même temps de mettre de l'appui sur le pied de mât pour que la planche gagne en stabilité en vol. L'action du pied avant s'efface presque, elle est remplacée par le transfert d'appui dans le pied de mât, et le planchiste devient lui-même un équilibriste sur trois points d'appui : le pied arrière, le harnais et le pied de mât.
Côté sensations, dès que l'on décolle, il n'y a plus un bruit. L'habituel clapotis de l'eau sur le flotteur qui, en planche classique, s'amplifie en accélérant, s'efface pour laisser place au silence, seulement troublé par un fin sifflement dû à la vitesse. Dans les vents faibles, la capacité d'accélération est impressionnante, on est très vite en surpuissance. Avec ce silence en vol, c'est comme si tout s'arrêtait alors qu'on est à pleine vitesse, c'est grisant. Mais l'équilibre de vol est différent à chaque seconde. Il faut être très attentif et piloter finement. La navigation sur foil nécessite beaucoup d'attention et de concentration. Une petite erreur d'appui peut mener à une chute brutale une demi-seconde plus tard. Même si on se fait rarement mal lors des chutes en planche à foil, on tombe de haut et ça surprend ! »

MON SPOT PRÉFÉRÉ

« En fidèle Vendéenne et comme j'aime bien la belle houle, je dois avouer qu'un de mes spots favoris, c'est le plateau des Nouchs, au large des Sables-d'Olonne. C'est un plateau rocheux qui ne se découvre jamais mais qui lève de belles vagues. En planche à foil, on a une grande capacité d'accélération mais aussi une grande capacité de variation de cap, qui permet de se replacer facilement pour exploiter au mieux les vagues.
Une fois dans la vague, les sensations d'accélération et de surf en foil sont superbes. En choisissant bien sa vague on peut surfer sur près d'un kilomètre jusque dans la baie des Sables. Du bonheur à l'état pur ! »

Wingfoil

Le wingfoil compte de plus en plus de supporters et trouve sa place à côté des planches à voile, kites et dériveurs dans les écoles de voile. Cette pratique accessible, ludique, sensationnelle recueille un franc succès. Son invention qui ne date pas d'hier, a été remise au goût du jour pour le grand bonheur de tous.

Fiche identité

- Vainqueur du Foil Contest des Wave Games 2020 : Juliano Congar Scalabrin.
- Spot : La Torche.
- Prix d'un pack débutant : 2000-2500 €.

INVENTION

Le wingfoil, quésako ? C'est le support en vogue ! Il se compose d'une planche, de son foil et d'une aile qui lui donne son nom. De plus en plus présent sur les spots, il a un grand avenir ! Pourtant, son invention ne date pas d'hier. Dans les années 1980, en s'inspirant des goélands, Roland Le Bail imagine une aile à mi-chemin entre la voile de planche à voile, le deltaplane et le parachute ascensionnel : la Bird Sail, qu'il brevette en 1982. Cocorico ! Ouvert d'esprit, il joue avec son aile arquée qu'il manipule à bout de bras, aussi bien sur une planche que sur des rollers ou des skis ! Son invention interpelle mais ne connaît pas le succès escompté, et reste dans l'ombre du windsurf alors en plein essor. Il faudra attendre plus de trente ans pour que la wing de Roland Le Bail profite de la structure gonflable des kites et de la démocratisation du foil pour renaître sous le nom de wingfoil !

CHOIX DU MATOS

Le wingfoil offre une grande liberté puisqu'il a la particularité d'être un hybride entre le surf foil et le windfoil ou le kitefoil, c'est-à-dire qu'il utilise à la fois l'énergie de la houle et l'énergie du vent pour se déplacer et il est tout à fait possible (et c'est là tout l'intérêt), de jongler de l'un à l'autre.

La planche

Le choix de la planche se fait en fonction du gabarit et de l'expérience du foil. Comme pour les autres supports, il est plus facile de commencer avec du volume qui apportera de la stabilité, autour de 100-110 l – jusqu'à 120 l en fonction du profil. Il est risqué de vous initier directement avec une planche de 80 l qui risque de vous faire peiner et de vous dégoûter du support. En revanche, quand vous aurez progressé, vous pourrez évoluer sur des planches plus petites. Pour minimiser les dépenses, cela peut valoir le coup de regarder sur le marché de l'occasion ou dans les gammes des années précédentes…

Concernant la structure de la planche, vous avez le choix entre une planche classique en matériaux composites et une planche gonflable. Cette dernière présente les avantages d'être facilement transportable et résistante aux chocs. Contrairement à ce que l'on pourrait imaginer, la rigidité de la planche gonflable est assez bonne étant donné que les planches sont plutôt courtes, que les technologies de fabrication sont abouties et qu'il est possible de gonfler la planche à une pression de 20 PSI.

Le bémol concerne le shape (la forme) de la planche car la technologie de fabrication ne permet pas de jouer sur la carène et la répartition du volume de la planche, ce qui se traduit par une glisse moins fluide au contact de l'eau lors du lancement ou des touchettes. La planche gonflable peut donc être une bonne alternative à la planche classique pour découvrir le wingfoil en mode freeride mais atteint ses limites si vous chercher à performer.

La wing

Le choix de la wing se fait selon quatre critères : le type d'utilisation, le niveau, le gabarit et le foil associé. Si vous souhaitez surfer avec votre wing, et non pas uniquement vous faire plaisir en tirant des bords, choisissez-la maniable, avec une petite surface. Si vous avez déjà un bon niveau en wing ou sur d'autres supports à foil, vous réussirez à décoller même avec une petite surface. Concernant les gabarits, on conseille une wing de 4 m² pour les 50-70 kg, une surface de 5 m² (la plus vendue) pour les 70-85 kg, et une wing de 6 m² ou plus pour les gabarits supérieurs à 85 kg. La taille de la wing est aussi fonction de celle du foil car pour voler, il faut considérer la combinaison wing + foil. Si vous avez un grand foil, vous pouvez prendre une petite wing, et inversement.
Enfin vient le choix d'une wing avec un wishbone, ou des poignées. Le wishbone permet d'ajuster la puissance de la wing en fonction des conditions, ce qui élargit les possibilités d'utilisation. Il apporte de la rigidité et un contrôle plus précis. Sa prise est facile et rassure les windsurfeurs qui retrouvent une position similaire à celle de la planche à voile. De son côté, la wing à poignées est plus légère, plus simple à monter (un simple gonflage suffit), plus compacte une fois rangée, et le placement des mains directement sur les poignées est plus intuitif.

Le foil

Globalement, on conseille une aile avant de 1 500 cm² jusqu'à 75 kg, et de 2 000 cm² pour les plus de 75 kg. Côté design, les marques proposent plusieurs gammes, dont une classique qui conviendra au débutant, et une plus technique et performante appelée « hight aspect », avec des ailes aux profils plus fins et élancés.
À l'instar des autres supports les règles sur les choix de foils restent similaires, à la différence près que le wingfoil est un support hybride : selon

les conditions de navigation, vous utiliserez, pour avancer, le vent dans la wing ou la houle sous le foil. Ainsi, il est recommandé de ne pas opter pour une taille de foil et d'aile avant trop réduite, même lorsque le vent monte, contrairement au windfoil ou au kitefoil.

Le mât

Comme pour les autres supports, pour vos premiers pas, préférez un mât court. Pensez tout de même à respecter une certaine limite car si vous investissez dans un mât trop court, lorsque vous aurez progressé, vous devrez le changer. Sachez que plus le mât est grand, plus vous avez de marge sur cette hauteur avant de sortir le foil de l'eau et de décrocher.
La moyenne se situant autour de 90 cm, on préconise pour commencer un mât de 75 cm, une taille qui vous permettra une utilisation hybride sur un surf foil.

DÉBUTER ET PROGRESSER

1. Le montage se fait comme pour une planche de surf foil. Commencez par assembler votre foil puis fixez-le à la planche et attachez votre leash. Étant donné que la wing peut s'envoler facilement, il est préférable de se changer avant de gonfler sa wing. Le gonflage se fait de façon intuitive mais il est important de vérifier que le bouchon est fermé et que la pression est suffisamment importante pour ne pas avoir une aile molle et peu propulsive. Une fois votre wing gonflée, accrochez directement le leash à votre poignet. Enfin, pour la mise à l'eau, portez la planche du côté du sens du vent pour éviter que la wing prise dans le vent ne vienne se percer sur le foil.
2. La première étape est le décollage. Vous partez d'une position agenouillée sur la planche, le buste vers l'avant, la wing en main au-dessus de votre tête de façon qu'elle ne touche pas l'eau. Lorsque la wing est à l'horizontale au-dessus de votre tête, c'est comme si la voile était choquée, elle n'est pas propulsive. Plus vous la ferez pivoter selon l'axe longitudinal pour la positionner devant vous à la verticale, plus elle sera propulsive.
3. Une fois que vous contrôlez votre stabilité, vous pouvez orienter la wing de façon à la rendre propulsive pour faire avancer la planche. Comme en

planche à voile, la main arrière sert à contrôler la puissance. En bordant, vous ajouterez de la puissance alors qu'en choquant, vous en éliminerez.

4. Lorsque vous aurez pris un minimum de vitesse, posez votre pied avant à plat, le genou fléchi, prêt à vous lever. Quand vous le sentez, levez-vous en positionnant votre pied arrière au centre, juste en avant du mât du foil. Choisissez une position de wing moyenne qui vous permette de contrôler la vitesse sans vous faire embarquer au moment où vous vous levez, puis rebordez tranquillement une fois debout.
5. À cette étape, vous naviguez tranquillement mais vous ne volez pas encore. La dernière phase est le décollage. Si le vent est suffisamment fort, en patientant quelques secondes, vous construisez votre vitesse et le foil décollera tout seul. Si vous vous sentez un peu trop léger, vous pouvez pomper exactement de la même manière qu'en surf foil, en allégeant le poids de la jambe avant puis arrière (voir « Le pumping », p. 65).
Une fois en vol, et de manière analogue aux autres supports à foil, c'est à vous de trouver le bon équilibre, la bonne balance entre l'appui sur la jambe avant et la jambe arrière. Plus vous appuierez derrière, plus le foil montera, plus vous appuierez devant, plus il descendra.

LE JIBE

En wing foil, il est intéressant d'allier freeride et surf. Pour cette raison, la manœuvre que vous réaliserez le plus souvent est le jibe, autrement dit le virage. L'avantage avec le wing foil est que le foil est suffisamment portant pour être sollicité seul ou avec un appui dans la wing. Ainsi, dans le jibe, vous pouvez vous passer de la wing quelques instants et vous concentrer sur l'assiette et la rotation de la planche.

1. Vous naviguez avec de la vitesse à une hauteur modérée.
2. Vous inversez vos pieds, le pied arrière passe devant et vous attaquez la courbe en mettant un léger angle de carre. Au fur et à mesure du virage, votre wing remonte pour se placer de façon neutre au-dessus de votre tête.
3. Vos pieds sont dans la bonne position pour le nouveau bord, vous replacez votre wing devant vous et réaccélérez.

Parole d'expert : Thomas Goyard

Champion du monde RSX convertible foil 2017 et champion d'Europe de RSX 2016 et 2017.

MES SENSATIONS

« La wing apporte un aspect très varié à la pratique du foil que je ne connaissais qu'en compétition. Avec un même support qui entre dans n'importe quelle voiture de ville, tu peux à la fois avoir une super VMG [rapport cap/vitesse] pour te balader, planer dans très peu de vent, faire des gros sauts avec une impulsion impressionnante, surfer en downwind dans la houle comme si tu étais dans un skate-park géant, envoyer des 360 [degrés] en l'air dans tous les sens… Et, par rapport au kitefoil, tu enlèves l'aspect risque dû à la puissance d'une aile monstrueuse avec ses lignes prêtes à s'emmêler. Sans parler du fait que tu n'as pas besoin de zone de décollage de l'aile, avec un vent régulier. Tu peux rentrer en ramant alors qu'en kite, c'est la galère avec la faible flottabilité de la board. »

MON SPOT PRÉFÉRÉ

« Mon spot préféré serait probablement l'Almanarre par temps de mistral ! Manque juste une vague régulière. Pour ça, un bon reef calédonien fait bien l'affaire ! »

Bon à savoir

En kite, les lignes sont les ficelles qui permettent de contrôler l'aile depuis la barre rattachée au harnais. Bien souvent lorsqu'il y a du monde sur un spot, deux ailes peuvent se croiser et les lignes s'emmêler.

VOLER AVEC UN BATEAU

Les bateaux aussi prennent leur envol. Monocoques ou multicoques, en solitaire ou en équipage, les bateaux s'affranchissent peu à peu d'Archimède. À l'heure où les barreurs deviennent pilotes, la frontière avec l'aéronautique n'a jamais été aussi proche.

Dériveurs et monocoques à foil

Longue est la liste des dériveurs et monocoques à foil. Il y en a de toutes les tailles, pour tous les niveaux, du solitaire aux équipages de 12. Tous ces supports sont regroupés par le Foiling Awards dans la large catégorie One Off Foiling Boat qui va du moth à foil à l'AC75 de la 36e coupe de l'America en passant par l'Imoca à foil.

Fiche identité

- Le plus technologique : l'AC75 (Bateau de la 36e coupe de l'America).
- Vainqueur de la 36e coupe de l'America : Emirates Team New Zealand.
- Vitesse maximum de l'AC75 : 53,31 nœuds (Patriot – American Magic).
- Le plus populaire : le moth à foil.
- Nombre moyen de participants au championnat du monde : 120.
- Record du nombre de participants : 220 en 2017 (lac de Garde, Italie).
- Champion du monde en titre de moth à foil : Tom Slingsby.

INVENTION

Même si les premiers bateaux à foil ont vu le jour à la fin du XIXe siècle, il a fallu attendre 1912, et Alexander Graham Bell et Nancy pour voir le premier hydroptère à voile. Et c'est seulement en 1941 que Robert Gilruth proposa le premier voilier à foil, le « catafoil » qui, comme son nom peut nous le laisser deviner, est un catamaran à foil. C'est finalement en 1955 que Baker crée *The Monitor*, le premier monocoque volant ! Le bateau est très abouti puisqu'il vole entièrement et atteint 30 nœuds.

Il faut dire que longtemps, ces engins construits par des passionnés sont restés à l'état de prototypes. C'est à partir des années 2000 que les moths se dotent de foils et deviennent une classe internationale ouverte au grand public. Les foils débarquent et s'imposent sur les multicoques lors de la 34e coupe de l'America de San Francisco. La révolution est en marche, les Imoca « portent la moustache ». Les prototypes de mini 6.50 décollent. Des dériveurs destinés aux écoles de voile font leur apparition. Et la 36e coupe de l'America s'est jouée sur des AC75… volants !

↱ CHOISIR SON SUPPORT

Je me souviens de mon émerveillement qui se portait sur les bateaux de la coupe de l'America quand je naviguais à bord de mon Optimist aux boudins gonflables dépareillés, mon écope rouge trouée à bâbord et mon bidon de lessive découpé en guise d'écope tribord. Les bateaux ne volaient pas encore mais nous faisaient déjà rêver, alors imaginez aujourd'hui mon émotion face aux bateaux à foil !

Devant la grande diversité de bateaux à foil, mais aussi l'inaccessibilité de certains supports pour le grand public, il peut être difficile de faire son choix. Pour débuter et progresser, orientez-vous vers un petit dériveur à foil. Pour les solitaires qui ne peuvent imaginer un week-end sans tirer dans une sangle de rappel, on peut citer entre autres supports le moth, le one fly, ou le wasp. Le moth, qui est l'ambassadeur de la catégorie de ces petits foilers solitaires, rassemble plus d'une centaine de participants aux championnats du monde, dont des médaillés olympiques ou vainqueurs de la coupe de l'America. Sa jauge ouverte, qui n'est pas une monotypie stricte, vous permettra de faire évoluer votre matériel en fonction de votre niveau ou de votre budget.

Si vous préférez naviguer en équipage, le Birdyfish et le Peacock vous accueilleront pour vos premiers vols. Ce sont des bateaux accessibles et disponibles pour le grand public, de plus en plus proposés dans les écoles de voile. Pour les plus expérimentés en recherche de performances, outre les inaccessibles T5 d'Ineos Team UK et The Mule d'American Magic qui ont servi de bateaux de développement pour la 36e coupe de l'America, il existe le monofoil Gonet, sacré meilleur foiler « one-off » 2018, ou le 69F, dont le circuit pour les jeunes est de plus en plus dynamique.

↱ PRATIQUER ET PERFORMER

Prenons pour référence le moth, le support idéal pour débuter, progresser et performer. En moth, pas besoin de conteneur pour le transporter, le bateau pèse moins de 40 kg et tient sur le toit d'une Twingo ! Comme tous les bateaux, il faut du temps pour le préparer et l'entretenir.

Un pack d'occasion comprenant bateau complet, gréement et set de foils se négocie à partir de 10 000 € en fonction de l'état.

Comment monter votre moth à foil ?

ÉTAPE 1 : LA PLATEFORME

Commencez par fixer les ailes sur la coque, puis installez le trampoline, et finissez en passant les « control lines », c'est-à-dire les ficelles qui permettront de régler l'engin.

ÉTAPE 2 : LE GRÉEMENT

Comme en planche, le mât est en deux parties manchonnées que l'on vient fourrer dans une voile à cambers de 8,25 m². On y ajoute les haubans et les barres de flèches dénommées « boomerang ». Il faut se positionner bien face au vent et installer les haubans sans faire de tours. Une fois le mât positionné dans l'embase, fixez l'étai et posez la bôme. Le tour est joué !

ÉTAPE 3 : L'INSTALLATION DES APPENDICES

Couchez le bateau en le posant sur les housses ou des mousses. La bôme doit être installée et l'écoute de grand-voile bordée pour que le bateau repose sur la tête de mât et non sur la bôme. Retirez la remorque et commencez par le safran pour garder l'ensemble à l'horizontale. Installez alors le foil principal. Avant de vous jeter à l'eau, dites-vous que le réglage de la tringlerie, qui correspond à la liaison entre le palpeur de l'étrave et le flap de foil, est essentiel. Vérifiez que les butées de course du palpeur correspondent aux butées de course du flap de foil. Procédez à un dernier check du bateau.

Bon à savoir

Lorsque le palpeur est plié en position arrière (ce qui veut dire que le bateau est proche de la surface de l'eau), l'angle d'incidence du flap de foil doit être positif (pour chercher à décoller) ; et lorsque le palpeur est en position avant (hauteur de vol élevée), l'angle d'incidence du flap de foil doit être négatif (pour redescendre). Il faut surtout éviter que le palpeur en position de butée avant corresponde à un angle de flap positif, ce qui se traduirait par un bateau qui cherche toujours à s'envoler.

C'est parti !

En moth, et c'est aussi le cas sur un certain nombre de bateaux volants, on peut distinguer quelques principes de base. Globalement, le foil principal

joue sur l'altitude de vol et le safran, sur l'assiette longitudinale du bateau. Pour commencer, évitez d'attaquer à fond au portant, et préférez un petit bord au près ou au reaching pour appréhender le comportement du bateau. Comme sur tous les supports, la règle de base, c'est de construire sa vitesse pour décoller. Sans vitesse, pas de portance ni de vol. L'autre clé, c'est l'assiette. Dans une main, vous tenez l'écoute de grand-voile pour gérer la puissance et l'assiette latérale, dans l'autre main, la barre vous permet de diriger le bateau et de régler l'incidence du foil de safran, donc l'assiette longitudinale en tournant le stick de barre sur lui-même. C'est ce qu'on appelle le « toe in » de barre. Au près, on cherche plutôt à naviguer contre-gîté pour optimiser le couple de rappel et le plan antidérive, et avec une assiette longitudinale légèrement négative (- 1° à - 2°), c'est-à-dire que le bateau penche de quelques degrés sur l'avant. Au portant, on remet le bateau sur une assiette neutre, voire légèrement positive, jusqu'à + 5°, en donnant quelques tours de stick de barre car le bateau accélère.
Pour progresser en moth, vous devez vous libérer de l'appréhension pour oser, vous engager et vous investir physiquement. Au fur et à mesure, vous vous sentirez plus à l'aise pour tirer dans les sangles de rappel et vous sortirez la tête du bateau. Cela vous permettra d'anticiper les variations du vent et la trajectoire à adopter.

Pour aller plus loin

Le réglage du flap de foil est assuré par un système de « push/pull » linéaire. Or, le palpeur est un capteur de hauteur de vol angulaire. Ainsi, on peut agir sur le gain de ce capteur, c'est-à-dire sur la loi de conversion de l'angle en distance. Pour ce faire, il existe deux possibilités : jouer sur la longueur du palpeur qui est un réglage dynamique, ou bien jouer sur le réglage de gearing. La conversion de l'angle en distance est assurée par un système bielle-manivelle où le gearing correspond à la longueur de bielle réglable. Avec une bielle longue, le flap est régulé avec plus d'amplitude, donc le bateau est plus stable, mais il génère de la traînée supplémentaire, donc il va moins vite. Avec une bielle courte, le flap est régulé avec moins d'amplitude, donc est plus instable mais va plus vite. Le réglage est donc directement lié à l'état de la mer. Sur mer plate, la tendance est de naviguer avec peu de gearing et d'en prendre au fur et à mesure que la mer se forme.

↱ LE FOILING TACK

Pour mettre toutes les chances de réussir le foiling tack (le virement de bord volant) de votre côté, il est conseillé de naviguer par vent stable et avec suffisamment de place autour de vous pour manœuvrer. Les trois points clés pour passer un foiling tack sont la vitesse d'entrée (plus vous allez vite, plus c'est facile), le timing d'inversion de l'assiette et l'angle de sortie.

1. Naviguez contre-gîté avec un maximum de vitesse. Choquez un peu de Cunningham pour ressortir avec de la puissance en sortie de virement. Rebordez la voile pour gagner au vent d'une part et servez-vous de l'écoute pour rentrer dans le bateau d'autre part.
2. Votre jambe arrière rentre en premier pour aller sur la coque. Simultanément, votre main arrière passe le stick de l'autre côté (il peut être posé sur l'aile jumelle). L'objectif est de passer d'une position tiers arrière sur l'ancienne aile à une position tiers avant sur la nouvelle aile, ce qui fait traverser en diagonale sans s'asseoir sur le trampoline.
3. Le point clé est l'inversion d'assiette puisqu'à l'image du kitefoil, il faut passer d'une assiette contre-gîté sur un bord à une assiette contre-gîté sur l'autre bord. Un bon repère est d'avoir l'assiette à plat au moment du passage face au vent.

   Si vous inversez votre assiette trop tard, vous risquez de sortir gîté, l'aile sous le vent va toucher l'eau en sortie de virement et votre déplacement d'une aile à l'autre sera plus difficile. À ce stade, vous pouvez quand même réussir votre virement de bord, il ne sera pas qualifié de « foiling tack » (virement volant) mais de « touch and go », littéralement « on touche et on repart ».

   Au contraire si vous inversez votre assiette trop tôt, votre foil vous poussera vers l'extérieur du virage et vous risquerez de dessaler à la contre-gîte sur la nouvelle amure. La seule solution pour espérer sauver la situation est de mettre beaucoup d'angle de barre bien qu'à ce stade, le taux de réussite soit faible.
4. La sortie doit se faire pleine puissance, donc il ne faut pas hésiter à sortir au travers pour relancer le plus vite possible. Le virement se termine une fois que vous êtes de nouveau au rappel, près à rattaquer.

1

2

3

4

Parole d'expert : Charlie Dalin

Premier à franchir l'arrivée du Vendée Globe 2020-2021, classé en deuxième position, connaisseur du moth avec lequel il se balade dans l'archipel des Glénan, Charlie Dalin fait partie de ceux qui se sont élancés au départ du Vendée Globe 2020 avec un bateau neuf équipé de foils. Il nous raconte comment lui, qui est diplômé en architecture navale, a conçu son bateau pour franchir en premier la ligne d'arrivée.

« Le choix de l'architecte n'a pas été facile, notamment pour choisir entre Guillaume Verdier et VPLP. Je fonctionne de manière extrêmement cartésienne. J'ai fait un tableau à points avec un point pour lui pour ça, un point pour lui pour ça. Du coup, ça ne m'a pas du tout aidé parce qu'ils sont arrivés à égalité. Puis j'ai écouté mon feeling qui a plus penché pour Guillaume. La philosophie qu'il défendait était celle qui me parlait. Garder de la puissance dans la carène. C'était la différence avec VPLP qui proposait un bateau s'appuyant surtout sur la puissance du foil.
On a racheté les plans du super 60 qui étaient les plans de la Volvo Ocean Race de l'époque. Il s'agissait d'un bateau dessiné sur la jauge Imoca, mais monotype et complètement volant. C'était une super opportunité de partir d'un plan complet. Restait à optimiser ce qu'il y avait à optimiser. On a modifié la carène et le pont mais on est partis de la même base. J'ai beaucoup poussé pour le cockpit fermé. Au début, j'ai proposé un concept à la Hugo Boss, sans savoir qu'Hugo Boss faisait ça : j'ai dessiné un plan avec les winchs et la colonne dans le bateau. Mais on s'est dit que c'était peut-être un peu trop engagé. Au final, on est partis sur une version hybride avec le cockpit extérieur entièrement recouvert par une casquette. J'ai aussi beaucoup travaillé sur les formes de foils et je me suis beaucoup pris la tête sur leur position. Ça paraît simple comme ça, mais je me disais que c'était la première fois que des appendices aussi grands étaient posés sur des Imoca, donc que la position longitudinale n'était pas si simple que ça et d'ailleurs, au dernier moment, j'ai appelé l'équipe pour qu'on les déplace. On a donc bougé une dernière fois la position des puits de foils d'une dizaine de millimètres, juste avant que ça ne soit plus

possible. C'était une opportunité géniale, je suis architecte de formation. On me faisait confiance pour construire un bateau à mon image suivant ma philosophie pour faire le Vendée Globe, c'était génial ! Je me suis impliqué à fond, c'était vraiment super !
Dans le Sud, les conditions de mer et de vent sont beaucoup plus extrêmes. Quand mes foils sont remontés, les performances du bateau sont très dégradées, donc je ne me suis jamais senti en situation de non-maîtrise du bateau à cause de foils trop puissants que je ne pouvais pas remonter. Les foils que j'avais n'étaient pas loin d'être les plus petits des grands foils. D'ailleurs, je serais presque d'avis de remettre un peu de pêche dedans [rires]. Nous avions prévu une V2 des foils pour le Vendée, mais à cause du confinement, on n'a pas eu le temps de la tester suffisamment pour la fiabiliser, donc je suis parti avec la V1.
C'est vrai que ces bateaux sont super performants dans les montées et descentes de l'Atlantique. Il y a sûrement quelques progrès à faire, mais pas de là à tout changer et revenir en arrière, sûrement pas. Les progrès ne s'arrêtent pas, on a toujours de nouvelles idées. J'ai vu le Sud par mes propres yeux, donc forcément, j'ai une vision un peu différente. J'ai vraiment envie de le refaire, j'y pensais même déjà pendant le Vendée. J'ai vraiment envie d'y retourner en 2024 pour le gagner. »

Catamaran à foil

À l'image des monocoques et dériveurs à foil, les foils sur les multicoques deviennent presque la norme. Il existe de plus en plus de circuits sur lesquels volent ces impressionnantes machines de course. On peut citer, entre autres, par taille croissante, le Nacra 17 et le Flying Phantom en double, l'ETF26 pour un plan à trois, à cinq le GC32, à six le TF35 et le F50 construit sur la base de l'AC50.

Fiche identité

- Record de vitesse sur 500 m : 65,45 nœuds par Vestas Sailrocket 2 à Walvis Bay en Namibi en 2012.
- Record de vitesse en F50 : 51,24 nœuds par Australian SailGP Team à Cowes en 2019.
- Record de vitesse en Flying Phatom : 31,9 nœuds par Robin Follin et Antoine Rucard à Quiberon en 2016.
- Champions du monde en titre de Nacra 17, catamaran olympique : John Gimson et Anna Burnet.

INVENTION

La naissance du catafoil a ouvert la voie. Puis ont suivi *Williwaw*, le premier trimaran à foil imaginé pour traverser le Pacifique, et *Icarus*, de la famille Grogono. À partir de 1976, un certain Éric Tabarly, plutôt renseigné sur le sujet, a apporté sa pierre à l'édifice. Après avoir essayé une maquette 1/3 de Jean Garnault à La Rochelle, il s'en inspirera pour son mythique trimaran *Paul-Ricard* qui posera les bases de l'hydroptère. Repris par Alain Thébault, le projet de l'hydroptère a révolutionné le monde des multicoques et inspiré les designers de la coupe de l'America qui, à son tour fut un des éléments déclencheurs de la popularisation du foil.

CHOISIR SON SUPPORT

Bien que la pratique du multicoque à foil tende à se démocratiser à l'instar des autres supports à foil, une majorité de supports reste assez élitiste,

que ce soit à cause de leur coût ou des prérequis indispensables pour naviguer en toute sécurité. Cependant, de plus en plus de clubs de voile investissent dans des catamarans accessibles au plus grand nombre comme le Whisper, le F101, le Flying Phantom Essentiel, l'UFO ou le BeFoil, afin de découvrir les sensations du vol en toute sécurité.
Si vous comptez parmi les pratiquants les plus expérimentés qui veulent naviguer en solo, vous pouvez vous tourner vers le class A qui procure des sensations de vol incroyables. Sa jauge ouverte vous permettra de choisir votre matériel en fonction de votre budget et de vos objectifs de performance.
Si vous êtes en couple, vous avez de plus en plus d'options ! Le Flying Phantom a été longtemps le plus attirant de par ses performances et son circuit international d'Extreme Sailing Series. Aujourd'hui, d'autres catamarans à foil sont entrés dans la danse, avec en tête de liste le Nacra 17, ambassadeur des jeux Olympiques !

PRATIQUER ET PERFORMER

1. Ces bateaux demandent beaucoup de préparation, une expertise dès la phase de montage, mais aussi pour aller naviguer. Le plus simple pour débuter est de pousser la porte d'un club où vous bénéficierez d'un bateau prêt à mettre à l'eau et de cours particuliers. Si vous préférez voler de vos propres foils, sachez qu'il est préférable d'avoir une bonne connaissance de la voile et que ces bateaux demandent du temps de préparation et d'entretien.
2. Comment fonctionnent ces bateaux ? Prenons l'exemple d'un catamaran double à foil, tel que les Nacra 17 et F20, le Flying Phatom, ou encore le Whisper. Ils sont constitués de deux coques assemblées grâce à deux poutres, et reliées par un trampoline. Sur la poutre avant sont installés le mât et un tangon. Au niveau des appendices, les safrans possèdent des élévateurs, c'est-à-dire des plans porteurs sur l'extrémité inférieure. Leur forme de T inversé répartit l'équilibre du vol sur le(s) foil(s) et les safrans. Certains bateaux comme le Nacra 17 sont conçus pour naviguer avec les deux foils dans l'eau ; sur d'autres, comme le Nacra F20, seul le foil sous le vent est dans l'eau, et le foil au vent est remonté. Sur ces bateaux, l'incidence de safrans est un réglage fixe et le rake des foils est un réglage dynamique. Pour gérer le vol, les réglages de la grand-voile

par l'équipier et du chariot par le barreur permettent de maintenir une assiette latérale stable et à plat. L'assiette longitudinale est quant à elle liée à l'incidence des plans porteurs (foil et safrans). L'incidence du foil peut être réglée dynamiquement grâce au rake, mais aussi à la position de l'équipage au trapèze. Plus le poids de l'équipage est reculé, plus vous augmentez l'angle d'incidence des foils et plus le bateau monte. Attention toutefois à ne pas trop vous reculer : à haute vitesse, le bateau risquerait de se cabrer violemment et de planter, et à basse vitesse, de freiner en générant de la traînée sans jamais décoller.
Les sensations sont magiques. Je suis toujours impressionné par le clapotis sur les coques qui laisse place au silence en vol, puis à un sifflement au fur et à mesure que le bateau accélère. L'appréhension de la troisième dimension, l'altitude de vol, est surprenante. Les mouvements dans les trois dimensions, notamment les variations d'altitude, sont inhabituels, un peu comme dans un ascenseur, sans qu'on sache si on va monter ou descendre, et à quel étage on va s'arrêter. Par ailleurs en foil, la nervosité du bateau est frappante. Le moindre mouvement de barre est tout de suite ressenti et amplifié, ce qui le rend ultra-réactif.

3. En vol, les réglages diffèrent par rapport à ceux d'un bateau sans foil (archimédien), moins rapide. Le fait d'accélérer plus vite et plus fort demande plus de réactivité de la part des équipiers pour adapter les réglages, notamment ceux de la grand-voile. Souvent, lors des premières navigations, on est surpris par la phase d'accélération, on reborde les voiles trop lentement. Lorsque le bateau accélère, vous perdrez l'appui si vous restez passif au trapèze et ne rebordez pas rapidement. Le bateau partira alors à la contre-gîte et vous vous retrouverez les fesses dans l'eau. Il est donc conseillé d'avoir les deux mains sur l'écoute pour être paré à reborder rapidement après le décollage.
Il est vraiment important d'adapter les réglages des voiles à la vitesse du bateau, et plus particulièrement au vent apparent qui arrive dans les voiles. En effet, comme nous l'avons vu précédemment, lorsque le bateau accélère, le vent apparent augmente et s'oriente davantage de face. Il faut donc ajuster rapidement le réglage de la grand-voile en rebordant. Dès lors, le bateau n'a plus besoin d'autant de puissance que pour le décollage, il faut donc affiner les profils de voiles en reprenant de la bordure et du Cunningham.

ERNESTO BERTARELLI

LE FOILING JIBE

Sur les catamarans qui volent sur un seul foil, vouloir passer un foiling jibe est ambitieux puisqu'il faut descendre un foil puis remonter l'autre tout en gérant l'équilibre du vol au moment du transfert d'un foil à l'autre. Autant vous dire que cette manœuvre est très complexe et qu'elle pose problème même aux experts les plus entraînés. Sur les bateaux volant en permanence sur leurs deux foils et leurs deux safrans, le foiling jibe peut être un bel objectif pour vos prochaines sessions. Pour le réussir, voici quelques points clés.

Étape 1 : L'entrée

Il est primordial d'attaquer le jibe avec une vitesse élevée et une assiette stable. L'équipier est le premier à rentrer du trapèze pour traverser le trampoline. Le barreur rentre en second puis attaque la rotation. La difficulté pour le barreur est de garder l'assiette la plus stable possible dans ce début de manœuvre, tout en gardant une trajectoire harmonieuse.

Étape 2 : Le changement de bord

Lors de son passage d'un bord à l'autre, l'équipier choque l'écoute de spi qu'il avait en main puis embraque (borde) immédiatement l'autre écoute pour faire passer le spi sur le nouveau bord.
Le barreur doit changer de bord en gardant l'assiette la plus stable possible. Lors de son passage, il doit faire passer le stick derrière le palan d'écoute de grand-voile pour le récupérer de l'autre côté. Plus l'entrée est rapide et stable, moins cette étape sera périlleuse.

Étape 3 : La sortie

L'équipier fini de border le spi et s'accroche au trapèze. Le barreur doit trouver le bon angle de sortie, c'est-à-dire le juste cap pour que le bateau retrouve rapidement sa vitesse maximale tout en gardant le contrôle de l'assiette du bateau et en sortant au trapèze.

Parole d'experte : Manon Audinet

Vice-championne d'Europe de Nacra 17 2020 et sélectionnée pour les jeux Olympiques de Tokyo, Manon Audinet, probablement l'une des femmes les plus expérimentées sur les catamarans volants, nous raconte ses premiers vols, entre deux entraînements pour les Jeux de Tokyo en Nacra 7.

« J'ai eu l'opportunité de naviguer assez tôt sur un support volant car, comme je venais du cata et que c'est l'un des premiers bateaux à avoir eu des foils, l'occasion s'est rapidement présentée pour moi. Je me souviens que la première fois que j'ai volé, c'était à Quiberon, à l'École nationale de voile. On avait misé sur une journée sans trop de vent pour ne pas se faire peur tout de suite ! On avait pu utiliser un Flying Phantom. Il devait y avoir 10 nœuds, et la première chose qui m'a marquée, c'est que tout est devenu super silencieux d'un coup, et les sensations que le bateau me transmettait dans les pieds étaient complètement différentes. C'était des sensations vraiment nouvelles, mais très vite, on comprend ce dont le bateau a besoin et les actions à faire viennent assez rapidement. Bien sûr, avec de la mer et du vent, c'est une autre histoire !
Ce qui m'a aidée à ne pas être trop dans la difficulté la première fois que je suis montée sur un bateau volant, c'est que j'avais déjà navigué sur des supports puissants, style F18 ou Nacra 17 ancienne génération, et que j'avais déjà cette notion de « gestion de puissance ». Un autre point qui me semble important, c'est d'être prête physiquement pour ne pas se faire complètement dominer par le bateau (même si au début, c'est quelque chose de récurrent, et encore aujourd'hui !). Il y a moyen de se prendre de jolies pelles sur ce genre de support, alors il faut être prêt à encaisser un minimum. Il faut aussi toujours garder à l'esprit que ces bateaux présentent beaucoup de paramètres et que tout ne peut pas se régler en trois jours. Il faut y aller petit à petit et accepter que tout n'est pas optimal tout le temps, mais essayer de sortir de chaque navigation avec des enseignements. »

GLOSSAIRE

Back side : Dos au vent.

Beacher : Action d'échouer un bateau sur une plage.

Border : Tirer sur l'écoute d'une voile, le wishbone, ou la barre en kite.

Bottom turn : Virage serré en bas d'une vague dans le jargon du rider.

Cant : Réglage du foil autour de l'axe longitudinal.

Décrocher : Perdre le contrôle, en passant d'un écoulement laminaire à turbulent.

Déhooker : Couper le cordon pour voler de sa propre aile.

Écume : Petite mousse brassée le long des côtes, au goût iodé.

Elliptique : Qui ne tourne pas tout à fait rond.

Enfourner : Enfoncer l'étrave sous l'eau.

Foiler : « S'envoyer en l'air » à toutes amures.

Footstraps : Sortes de sangles rembourrées dans lesquelles le pratiquant cale ses pieds.

Front side : Face avant.

Goofy : Pied droit devant.

Jibe : Si l'on considère le tack comme le changement d'amure en passant par le face au vent, le jibe est le changement d'amure en passant par les fesses au vent.

Kiteloop : En kite, figure de l'aile qui fait un tour sur elle-même.

Marsouinage : Mouvement d'oscillations au-dessus de l'eau.

Marsouiner : Onduler au-dessus de l'eau, parfois à la limite du rodéo.

Pression de vapeur saturante : Pression à laquelle les gouttes d'eau qui font déborder le vase se transforment en gouttes d'air. À vous de voir si le vase est alors à moitié vide ou à moitié plein.

Prise de carre : Action d'incliner la planche vers l'intérieur du virage.

Reborder : Border à nouveau après avoir choqué.

Regular : Pied gauche devant.

Rider : Diminutif de « pratiquant d'un sport de glisse ».

Roulis : Mouvement à l'origine du mal de mer.

Strap : Diminutif de footstrap, cale-pied.

Surfshop : Magasin spécialisé, principale source de dépenses du rider.

Tack : Changement d'amure en passant par le face au vent.

Take-off : Traduction de « décollage ».

Tilt : Réglage du foil autour de l'axe vertical.

Twintip : Planche classique amphidrome dont la symétrie permet de naviguer dans les deux sens, sans qu'elle n'ait d'avant ni d'arrière.

VMG : Sigle de Velocity Make Good, correspondant au rapport cap/vitesse.

Wing : Aile en boudins gonflables et toile légère pour la pratique du wingfoil.

Zénith : En position pour entamer la descente.

L'auteur remercie chaleureusement Tom Auber, Ariane Imbert,
Hélène Noesmoen, Thomas Goyard, Charlie Dalin et Manon Audinet.

Crédits photographiques
Shutterstock.com pour les photographies, et les illustrations, à l'exception des pages 17 et 85 Chameleon Pictures / Shutterstock.com, 26-27 Torgado / Shutterstock.com, 31 LesPalenik / Shutterstock.com, 32-33 RAFALE - STUDIO / Shutterstock.com, 35 Bjoern Deutschmann / Shutterstock.com, 52-53 Dudarev Mikhail / Shutterstock.com, 54 et 75 Agnieszka Skalska / Shutterstock.com, 82 Leonardo Calconi / Shutterstock.com, 92 PomInOz / Shutterstock.com, 105 LongJon / Shutterstock.com, 108-109 Gaborturcsi / Shutterstock.com, et des illustrations pages 18 à 20, 23, 27, 29, 30, 36-37, 43, 48-49, 65, 72-73, 81, 88-89, 98-99 Lorenzo Timon.

Direction : Guillaume Pô
Direction éditoriale : Élisabeth Pegeon
Édition : Sandrine Vincent
Direction artistique : Isabelle Mayer
Mise en page : Jennifer Faisant
Direction de fabrication : Thierry Dubus
Suivi de fabrication : Florence Bellot
Photogravure : SNO
1re édition - N° d'édition : V21006
ISBN : 979-1-0271-0546-5
Code MDS : VA05465

Achevé d'imprimer en mai 2021 sur du papier certifié FSC® (issu de forêts gérées durablement), sur les presses d'Interak (Pologne), un imprimeur labellisé pour ses pratiques respectueuses de l'environnement. Cet ouvrage est imprimé grâce à des encres végétales, garantissant la démarche de développement durable de l'éditeur et de l'imprimeur.

FSC
www.fsc.org
MIXTE
Papier issu de sources responsables
FSC® C015559

Dépôt légal : juin 2021
www.vagnon.fr